Die Entstehung

des

deutschen Städtewesens.

Die Entstehung

des

deutschen Städtewesens.

Eine Festschrift

von

Rudolph Sohm,

Professor in Leipzig.

Leipzig,

Verlag von Duncker & Humblot.

1890.

Sr. Excellenz

Herrn Dr. Georg Wilhelm Wetzell,

Großherzoglich Mecklenburgischem Staatsminister a. D.,

zum

funfzigjährigen Doktorjubiläum

am

16. Mai 1890.

Ew. Excellenz

wollen mir gestatten, daß ich an Ihrem Ehrentage in die Reihe
der Glückwünschenden mit eintrete, um dem innigen Dank einen
Ausdruck zu geben, welchen ich gegen Sie zu jeder Zeit, wenn
möglich noch mehr aber an solchem Tage empfinde, welcher die
Vergangenheit und was Sie mir gewesen doppelt lebendig vor
dem Auge erstehen läßt.

Gleich im Beginn meiner Studien, vor nunmehr dreißig
Jahren, hatte ich das große Glück, Ihr Schüler werden zu dürfen.
Ew. Excellenz werden Sich gewiß noch manches Mal gerne jener
Tage vom Beginn der sechziger Jahre erinnern, wo um Ihre
Pandektenvorträge in Rostock die juristische Jugend Mecklenburgs
sich scharte. Wie hingen wir alle begeistert an Ihren Lippen!
Unvergeßlich sind mir jene Stunden geblieben. Ihre Vorträge
wurden mir später Vorbild und Muster, dem ich nachzueifern
suchte. Vor allem, Sie haben die Liebe zur Wissenschaft in mir

entzündet, die edle Freudenspenderin. Das Interesse für das
römische Recht mit seinen klar ausgebildeten Formen ist mir von
jener Zeit her geblieben als ein Gewinn auch für Arbeiten, die
auf ganz anderen Gebieten lagen. Die Leuchtkraft Ihrer syste=
matischen Gedanken, der Nachdruck Ihrer geschichtlichen Forschung,
welche beide vereint Ihrem großen Werk über den Civilprozeß Reich=
tum des Inhalts und Macht des Erfolges gegeben haben, wirkten
doppelt nachhaltend und begeisternd auf uns alle, die wir als Ihre
Schüler in unmittelbaren Verkehr mit Ihnen treten durften. Alle
die Antriebe, welche später in mir wirksam geblieben sind, haben
Sie zuerst in mir wachgerufen. Und Sie wirkten auf uns nicht
bloß durch die Mitteilung Ihrer wissenschaftlichen Erkenntnis. Was
Ihnen die Gewalt über uns gab, war Ihre ganze Persönlichkeit.
Es ist für mich von großer Bedeutung gewesen, daß der erste
Mann, welcher mich die Kraft der Wissenschaft kennen lehrte, ein
gläubiger Christ war.

Erinnere ich mich meiner Studienzeit, der wichtigen Zeit, in
welcher die Grundlage unseres Wesens sich gestaltet, so werde ich
immer Ihrer und neben Ihnen des unvergeßlichen Böhlau ge=
denken müssen. Und Sie wissen es, wie Sie auch später, als es
galt, mich auf die Habilitation vorzubereiten und die ersten Schritte
zum späteren akademischen Beruf zu thun, mit Rat und That für
mich gesorgt haben, wie ein Vater für seinen Sohn.

Ihren Jubel= und Ehrentag wird die deutsche Rechtswissen=
schaft mit Ihnen feiern, denn Ihre schriftstellerische Wirksamkeit ist
ein Markstein in der Entwickelung unserer Wissenschaft geworden.
Mir aber wollen Sie gestatten, daß ich, gewissermaßen als Ver=
treter aller derer, welche in Marburg, in Rostock, in Tübingen zu

Ihren Füßen gesessen haben, den Dank zum Ausdruck bringe, welchen Ihre Schüler gegen Sie empfinden, und vor allem den Dank, welchen ich persönlich Ihnen, dem Lehrer, dem Berater, dem Führer meiner Erstlingszeit, von ganzem Herzen darbringe.

Ew. Excellenz

in größter Verehrung ergebener

Rudolph Sohm.

Leipzig, am 28. April 1890.

Inhalt.

	Seite
Einleitung	9
I. Das Weichbild	18
II. Der Stadtfriede	34
III. Das Stadtgericht	49
IV. Die Zuständigkeit des Stadtgerichts	71
V. Das Stadtrecht	80
VI. Schluß	91

Einleitung.

Endlich beginnt der Schleier sich zu lüften, welcher die Anfänge des deutschen Städtewesens den Augen der rechtsgeschichtlichen Forschung solange verborgen hat. In jüngster Zeit ist eine Reihe von Arbeiten erschienen, welche, ineinander greifend, sich gegenseitig zugleich ergänzend und berichtigend, den Weg eröffnen, der hier zur Erkenntnis der geschichtlichen Wahrheit führt. Auf dem gewiesenen Wege gilt es weiter voranzugehen. In diesem Sinne sind die folgenden Zeilen geschrieben worden.

Die Grundfragen der deutschen Stadtverfassungsgeschichte sind in neuester Zeit durch die Arbeiten v. Belows wieder energisch in Angriff genommen worden[1]. Seine Ausführungen zeichnen sich vor anderen Leistungen auf diesem Gebiet durch große Klarheit und Schärfe der Begriffe aus. Durch ihn ist, nachdem Arnold und Heusler hier bekanntlich schon Bresche geschossen hatten, die (ältere) Ansicht von Nitzsch, welche die städtische Entwickelung aus dem Hofrecht abzuleiten sich bemühte, endgültig beseitigt worden. Seine Sätze, daß die städtische Bevölkerung nicht aus der Bevölkerung eines städtischen Fronhofs hervorgegangen ist, daß die Bürger von Anfang an ihren Gerichtsstand im öffentlichen, nicht in einem Hofgericht haben, daß die städtischen Lasten der Hauptsache nach auf den Bürgern ruhen, während die

---

[1] v. Below, Zur Entstehung der deutschen Stadtverfassung, 1. Teil, in v. Sybels Hist. Zeitschr. N. F. Bd. 22, S. 193 ff. (1887); 2. Teil ebenda Bd. 23, S. 193 ff. (1888). v. Below, Die Entstehung der deutschen Stadtgemeinde (1889). Auf v. Belows Ausführungen fußt W. Schröder, Die älteste Verfassung der Stadt Minden (Jahresbericht des kgl. ev. Gymnasiums zu Minden, Ostern 1890).

städtischen Fronhöfe ganz oder zum Teil davon befreit sind, daß endlich die Bürger die Insassen der Fronhöfe von dem städtischen Gewerbe und Handel nach Möglichkeit fern zu halten suchen[2], bedeuten einen bleibenden Gewinn unserer Wissenschaft. Auch die Ableitung der städtischen Freiheit aus den Ottonischen Privilegien[3] ist von ihm und zwar mit den zutreffenden Gründen widerlegt worden[4]. In seinen positiven Ausführungen, welche, im Anschluß an v. Maurer, die Entstehung der Stadtgemeindeverfassung aus der Landgemeindeverfassung darzulegen suchen[5], wird man ihm nicht folgen können. Aber es bleibt ihm auch an dieser Stelle das Verdienst, die großen Fragen der städtischen Entwickelung gesehen und mit erfolgreichem Nachdruck angefaßt zu haben.

Was noch immer fehlte, war die Antwort auf die Frage: wo liegt die Grundlage der rechtlichen Entwickelung, welche die Städte zu dem gemacht hat, was sie geworden sind? Es liegt ja für jedermann auf der Hand, daß das Aufsteigen der deutschen Städte seinen sachlichen Grund in Handel und Wandel, in dem wirtschaftlichen Gedeihen, in dem Reichtum gehabt hat, welchen der Marktverkehr in die Stadt gebracht hat. Darum giebt es denn auch keine Darstellung der Städtegeschichte, welche nicht dieses Umstandes mit Nachdruck gedacht hätte. Aber damit allein ist die Frage für den Geschichtsforscher nicht abgethan. Der bloße Hinweis auf die finanzielle und militärische Kraft der Städte, auf die eigenartigen rechtlichen Bedürfnisse und Anschauungen der in der Bürgerschaft maßgebenden kaufmännischen Kreise vermag nichts klarzustellen. Es fragt sich ja gerade: in welcher Form haben

---

[2] Vgl. v. Below, Entstehung der deutsch. Stadtgem., Vorrede S. V.

[3] Vgl. namentlich Arnold, Verfassungsgeschichte der deutschen Freistädte (1854) Bd. I, S. 137. Heusler, Der Ursprung der deutschen Stadtverfassung (1872) S. 49—51, 251.

[4] Vgl. v. Below, Zur Entsteh. d. deutschen Stadtverf. 2. Teil. S. 209 ff. Dazu neuestens Köhne, Der Ursprung der Stadtverfassung in Worms, Speier und Mainz, (1890) S. 159 183, 191.

[5] Dies ist der Inhalt der Ausführungen v. Belows über „Die Entstehung der deutschen Stadtgemeinde".

diese zweifellos vorhandenen thatsächlichen Kräfte sich geltend ge=
macht? Wie kam es, daß in Deutschland (und dem gesamten
Umkreis des mittelalterlichen germanisch=romanischen Wesens) die
Macht des Handelsstandes, das Emporkommen eines leistungs=
fähigen Bürgertums zu dieser uns aus der Geschichte bekannten
Form städtischen Wesens, zu dieser Stadtfreiheit, zu diesem Stadt=
gericht, zu diesem Gegensatz von Stadtrecht und Landrecht führte?
Kaufleute, Handel, Macht des Kapitals gab es auch im römischen
Reich und ebenso heute. Aber es gab im römischen Reich und es
giebt heute keine Städte und keine Stadtrechte, wie sie das Mittel=
alter kannte. Ja, auch im fränkischen Reich gab es Kaufleute,
ummauerte Orte, Mittelpunkte des Verkehrs, und doch keine Städte
im Rechtssinn, noch städtisches Wesen als ein besonderes Glied
am nationalen Körper. Die wirtschaftliche Entwickelung steht mit
der rechtlichen in untrennbarer Wechselbeziehung. Wie sie ihrer=
seits der Bildung des Rechts die Bahn weist, so empfängt sie
wiederum durch die rechtliche Ordnung Gestalt, Eigenart, bestimmte
geschichtliche Erscheinung. Es fragt sich also: durch welche
rechtlichen Mittel hat die wirtschaftliche Kraft des deutschen
Bürger= und Handelsstandes zu der Gestaltung geführt, welche in
dem Städtewesen des Mittelalters vor uns liegt?

Indem die Antwort auf diese Frage gesucht wurde, lag es
auch hier natürlich am nächsten, des Marktes zu gedenken, welcher
der Stadt ihr wirtschaftliches Gedeihen gegeben hat, und auf das
Marktrecht hinzuweisen, welches vor allem in der Stadt zur
Ausbildung gelangen mußte. Und so ist es denn auch von seiten
zahlreicher Forscher bereits geschehen [6]. Die Bedeutung des Marktes

---

[6] Vgl. z. B. v. Maurer, Geschichte der Städteverfassung in Deutschland
Bd. I, S. 282 ff. (1869). Schmoller, Die Straßburger Tucher= und Weberzunft
(1879), S. 378—381. v. Below, Entsteh. d. Stadtverf., 2. Teil, S. 195—199.
Lamprecht, Deutsches Wirtschaftsleben im Mittelalter, 2. Teil (1885), S. 266,
u. a. Die Geschichte des Marktrechts bis in das 12. Jahrhundert hat eine gute
Bearbeitung gefunden durch Rathgen, Die Entstehung der Märkte in Deutsch=
land (1881).

und seines Rechts für die städtische Entwickelung drängt sich so unmittelbar auf, daß sie kaum übersehen werden konnte. Aber auch mit dieser Beobachtung, welche die Marktfreiheit als „eine der Hauptgrundlagen der städtischen Entwickelung" [7] anerkennt, ist noch nicht genug gethan. Außer dem Marktrecht gilt innerhalb der Stadtmauern Gerichtsrecht (Landrecht) und öffentliche Gerichts- verfassung, Hofrecht und Hofverfassung (in den Fronhöfen, welche innerhalb der Stadt liegen), Gemeinderecht (autonomes Recht) der Gemeindeverfassung, Gilde- und Bruderschaftsrecht (gleichfalls autonomes Recht) der städtischen Korporationen. Aus welchem Recht ist das Stadtrecht geboren worden? In der Stadt finden wir außer den Kaufleuten und Handwerkern zahl- reiche andere Stände. Da giebt es Rittersleute (Ministerialen), Bauersleute, Gesindeleute, Geistliche. Da giebt es Grundherren und Hintersassen. Da giebt es Hochfreie, Gemeinfreie, Unfreie. Welcher Stand hat dem Stadtrecht Inhalt und Kraft der Entwickelung gegeben? Es genügt nicht, etwa zu sagen, daß aus einem Zusammenwirken der genannten Kräfte Stadtrecht und Stadtverfassung hervorgegangen sei, daß sie alle (oder doch eine Mehrzahl derselben) an der Hervorbringung des städtischen Wesens beteiligt gewesen sind [8]. Zwar liegt in diesem Satz in gewisser Richtung ein Stück Wahrheit. Weder das Marktrecht noch das Landrecht noch das Gemeinderecht oder Gilderecht allein würde das Stadtrecht aus sich haben erzeugen können. Der Kauf- mann würde das nicht haben werden können, was er geworden ist, wenn nicht der Bauer vor ihm und neben ihm gewesen wäre. Die fertige Stadtverfassung war ein Baum, welcher mit mehre- ren Wurzeln aus den Rechtsgedanken der Vorzeit Nahrung sog. Aber es kommt darauf an zu bestimmen, in welchem Recht und in welchem Stande die entscheidenden Antriebe für die Ausbil-

---

[7] So Lamprecht a. a. O.
[8] So Gierke, Das deutsche Genossenschaftsrecht, Bd. 2, S. 589 (1873). Köhne, Urspr. d. Stadtverf. S. 350.

dung der mittelalterlichen Stadt lebendig gewesen sind. Es muß
eine Wahl getroffen werden. Immer, auch in der Rechtsgeschichte,
führt nicht Vielherrschaft, sondern Einherrschaft zum Ziel. Wir
werden die städtische Entwickelung erst dann begriffen haben, wenn
uns die Macht sichtbar geworden ist, bei welcher die Führer-
rolle stand. Darin gerade beruht der Reiz der Forschung nach
dem Ursprung der deutschen Stadtverfassung. Wie aus dem
Dunkel treten uns plötzlich im 11. Jahrhundert deutsche Städte
und deutsches Bürgertum entgegen. Schon die ältesten Zeugnisse
städtischen Sonderrechts verweisen auf das fertige Recht anderer
Städte, welches zum Vorbild für neue Marktgründungen (Städtegründungen) dient[9]. Für die Mutterorte deutschen städtischen
Wesens, wie Köln, Mainz, Worms, Konstanz, Straßburg, Regensburg, liegt der Beginn des Stadtrechts gänzlich außerhalb unseres
Gesichtskreises. Es gilt, trotzdem in das Dunkel einzudringen und
den einen Punkt zu treffen, bei dessen Berührung wie durch
Wunderkraft das helle Licht sich entzündet, welches die unterirdische
Werkstatt der Vergangenheit, den geheimnisvollen Urquell, aus
welchem die Ströme städtischen Lebens zu Tage geflossen sind, mit
vollen Strahlen übergießt.

Und dieser Punkt ist bereits getroffen worden.

Schon Waitz hat die zwei Sätze ausgesprochen, welche, wenigstens in der Hauptsache, den Kernpunkt der städtischen Entwickelung
bezeichnen: „Die Anlage eines Markts, die Ansiedelung solcher, die
sich kaufmännischen Geschäften widmeten, war es, was man als die
Gründung einer Stadt betrachtete." „Aus dem Recht der Kauf-

---

[9] Otto I verweist im J. 965 für das Recht der Kaufleute in Bremen
auf das Recht der Kaufleute in den übrigen Königsstädten: tali — potiantur
iure, quali ceterarum regalium institores urbium; Monum. Germ. Dipl.
reg. Germ. I Nr. 307. Die Urkunden Ottos III für die von ihm zahlreich
gegründeten Märkte nehmen Bezug auf das Recht von Regensburg, Augsburg,
Konstanz, Basel, Zürich, oder Würzburg und Bamberg, oder Worms, Mainz,
Köln, oder Trier, Cambrai, oder Dortmund, Goslar, Magdeburg; vgl. Waitz,
Deutsche Verfassungsgeschichte Bd. 7, S. 382, Anm. 1.

leute ift ein Recht der Bürger geworden [10]." Aber der Edelftein,
den Waitz in der Hand hält, ift von ihm nicht hinlänglich gefchliffen
worden, um das demfelben eingeborene Feuer auszuftrahlen. Einen
wefentlichen Schritt weiter hat Richard Schröder gethan. Seine
Unterfuchungen über Weichbild und Rolandsfäulen fowie die darauf gegründete Darftellung in feinem vorzüglichen Lehrbuch der
deutfchen Rechtsgefchichte [11] hat den Nachweis der Jdentität von
Marktrecht (Weichbildrecht) und Stadtrecht, von Marktgericht und
Stadtgericht erbracht. Aber auch hier fehlt noch eins: die volle
Verwendung diefes Grundgedankens für den Aufbau der ftädti-
fchen Verfaffungsgefchichte. Das Marktrecht tritt im Beginn der
von Schröder in feiner Rechtsgefchichte gegebenen Darftellung
auf, aber ohne die Führung für die gefamte nachfolgende Entwickelung zu übernehmen. Die Palme ift Aloys Schulte zu-
gefallen. Es ift ihm geglückt, in einer bisher noch ungedruckten
Urkunde vom Jahre 1100, die Gründung der Stadt Radolfzell
betreffend, ein neues, außerordentlich wichtiges Belegftück für die
mittelalterliche Stadtentwickelung, den älteften Zeugniffen deutfchen
Stadtrechts an die Seite tretend, zu entdecken und zugleich mit
divinatorifchem Scharfblick von dem Jnhalt diefer Urkunde aus
ein überrafchend anfchauliches und überzeugendes Bild von dem
Gefamtgang der deutfchen Stadtverfaffungsgefchichte zu entwerfen [12].
Der Auffatz, welchen er veröffentlicht hat, ift kurz, aber reich an
Jnhalt. Es verfteht fich von felber, daß eine Reihe von Fragen
nur geftreift ift, andere Fragen kaum aufgeworfen werden, daß

---

[10] Waitz, Verfaffungsgefch. Bd. 7, S. 407, 411.

[11] Richard Schröder, Weichbild, in: Hiftorifche Auffätze dem Andenken
von Waitz gewidmet (1886) S. 306—323. — Die Stellung der Rolandsfäulen
in der Rechtsgefchichte, in: Die Rolande Deutfchlands, Feftfchrift des Vereins
für die Gefchichte Berlins (1889) S. 1—36. — Lehrbuch der deutfchen Rechtsgefchichte (1889) S. 590—592.

[12] Aloys Schulte, Über Reichenauer Städtegründungen im 10. und 11.
Jahrhundert mit einem ungedruckten Stadtrecht von 1100. Jn der Zeitfchr.
f. Gefch. des Oberrheins N. F. Bd. 5, S. 137—169 (1890).

auch wohl an dem von ihm gezeichneten Bilde noch dieser oder
jener Strich der Änderung bedarf. Aber schon jetzt wird man
sagen dürfen, daß die vornehmste Schwierigkeit, welche die Geschichte der deutschen Städte bis dahin bot, gelöst worden ist: der
Urquell deutschen städtischen Wesens ist endgültig klargestellt worden.
Aus dem Marktrecht ist das Stadtrecht hervorgegan-
gen. Das Marktrecht, und zwar das Marktrecht allein, hat
dem Stadtrecht seinen Ursprung und seinen eigentümlichen Inhalt
gegeben. Alle anderen Kräfte, welche in der Stadt lebendig gewesen sind, haben nur unterstützend, umbildend, teilnehmend mit-
gewirkt. Das Entscheidende ist allein der Markt gewesen mit
seinem Rechte. Die Stadtgründung in Radolfzell vollzieht sich
durch Marktgründung. Der Markt hat sein bestimmtes örtliches
Gebiet. Für dies Gebiet besteht ein besonderes Marktgericht
(iudicium fori) und ein besonderes Marktrecht (ius fori). Den
Markt sichert ein Friede. Im Marktgericht urteilen Kaufleute, und
zwar nicht bloß unter sich, sondern auch über Fremde, nicht bloß
über Handelssachen, sondern auch über Grundbesitz (die Grundstücke
innerhalb des Marktbezirks) und etwa auch über peinliche Sachen
(Marktfriedensbruchsachen). In diesen Marktprivilegien (nicht in
den fränkischen Immunitätsprivilegien noch in deren Fortbildung,
den ottonischen Privilegien) beruhen die Grundlagen der städtischen
Verfassung. Das Gebiet des Marktgerichts (Weichbild) deckt sich
weder mit den Immunitätsgrenzen (für den kirchlichen Grundbesitz),
noch mit den Gemarkungsgrenzen. Sowenig die Immunitätsprivilegien, ebensowenig sind die alten Gemeindeverbände für
die unmittelbare Grundlage der städtischen Entwickelung zu erachten.
Am Marktgericht endlich nimmt nicht bloß der Freie, sondern geradeso der Hörige Anteil als Teilhaber am Marktverkehr sowohl,
wie wenn er als Friedensbrecher verklagt wird. Ja, der Hörige
kann innerhalb des Marktgebietes freies Eigentum erwerben. Innerhalb des Kaufmannsstandes verschwindet der Gegensatz der
Geburt, und aus dieser Marktgemeinde, welche lediglich sociale
Gegensätze nach Beruf und Besitz kennt, ist die städtische Verwal-

tung, das Urbild modern gearteter Staatsverwaltung, hervorgegangen [13].

Gleichzeitig mit Schultes Aufsatz ist die sorgfältige und
verdienstliche Untersuchung erschienen, welche Karl Köhne über
den Ursprung der Stadtverfassung in Worms, Speier und Mainz
veröffentlicht hat [14]. Es bestätigt sich durch die Forschungen dieses
Schriftstellers, daß nicht, wie Arnold und Heusler angenommen
hatten, eine Gemeinde altfreier Einwohner, sondern die Kaufmann-
schaft als solche, ohne Rücksicht auf die in ihr vertretenen Geburtsstände, den Träger der städtischen Entwickelung dargestellt hat, daß
die Anfänge des Stadtrechts in dem besonderen Kaufmannsrecht,
die Anfänge der Stadtverfassung in der Besetzung der städtischen
Schöffenstühle mit Kaufleuten, Mitgliedern der kaufmännischen Gilde,
überhaupt in dem Einfluß des Kaufmannsstandes auf die öffentliche Regierung der Stadt zu suchen sind [15].

Es kann schon jetzt mit Sicherheit behauptet werden, daß das
Stadtrecht eine Fortentwickelung des Marktrechts, die Stadtverfassung eine Fortentwickelung der Marktverfassung, die Stadtverwal-
tung eine Fortentwickelung der Marktverwaltung darstellt. Hier
ist der Punkt, an welchem die rechtsgeschichtliche Forschung einzu-
setzen hat. Es kommt darauf an, das Marktrecht kennen zu
lernen, um aus demselben das Stadtrecht zu begreifen. Es
kommt ferner darauf an, das deutsche Marktrecht aus dem fränkischen Reichsrecht, ja aus den Grundgedanken des
germanischen Rechts zu erschließen. Diese Aufgabe ist
bis jetzt nur erst sehr stückweise in die Hand genommen worden.

Das fränkische Reichsrecht ist die unmittelbare Grundlage der
mittelalterlichen abendländischen Verfassungsentwickelung. In dem
fränkischen Recht liegen die einfachen großen Grundgedanken

---

[13] Aloys Schulte a. a. O. S. 157—167.

[14] Karl Köhne, Der Ursprung der Stadtverfassung in Worms, Speier
und Mainz. In: Gierke, Untersuchungen zur deutschen Staats- und Rechtsgeschichte, 31. Heft (1890).

[15] Vgl. Köhne a. a. O. S. 15 ff., 53 ff. 244, 359.

deutscher Verfassung vor uns ausgebreitet da, durch deren Fortentwickelung, Umbildung, vor allem auch Verschmelzung die mittelalterlichen Bildungen erzeugt sind. Wie sich etwa das Mittelhoch-
deutsche zum Althochdeutschen oder Gotischen, ebenso verhält sich
das mittelalterliche deutsche Recht zum fränkischen Reichsrecht. Es
gilt, in den abgeschliffenen, zusammengezogenen, beweglicheren, aber
nicht immer scharf ausgeprägten Formen einer späteren Zeit die
einfachen Formen der Urzeit wiederzuerkennen. Dann erst wird das
geschichtliche Verständnis gewonnen sein. Am fränkischen Recht
muß gewissermaßen die Grammatik des deutschen Rechts studiert
werden. Geradeso hier. Das mittelalterliche Markt- und Stadtrecht ist zu den Grundgedanken des fränkischen Reichsrechts in
Beziehung zu setzen. Damit wird sich dann der große Zusammenhang der Entwickelung, zugleich ein Ausblick in urgermanisches Recht
ergeben, aus dessen vorzeitlichen barbarischen Ordnungen Rechts-
bildungen hervorgegangen sind, welche machtvoll bis an die Schwelle
der Gegenwart heranreichen.

I.

Das Weichbild.

Stadtrecht ist Weichbildrecht. Das heißt: das Stadtrecht ist das Recht des Kreuzes[16]. Was ist damit gesagt?

Das Kreuz ist Marktzeichen. Solange das Kreuz aufgerichtet ist, dauert der Markt[17]. Die Stadt besitzt das Recht, ständig ein Kreuz zu haben. Auf den Märkten des platten Landes steht das Kreuz nur vorübergehend, solange der Markt dauert. In der Stadt steht das Kreuz zu jeder Zeit[18].

Die fränkische Zeit kennt nur vorübergehende Märkte[19]. Alle Märkte der fränkischen Zeit werden (unter dem rechtlichen Gesichtspunkt) auf dem platten Lande abgehalten. Der Markt bei Paris kommt und geht geradeso wie der Markt bei irgend welchem Dorfe. Aus diesem Grunde giebt es in der fränkischen Zeit keine Städte im Rechtssinn. Die Stadtgemeinde ist rechtlich von

---

[16] Schröder, Rechtsgesch. S. 590.

[17] Schröder, Rolandssäulen S. 11 ff. Auch in den Städten pflegte, wie die dort mitgeteilten Zeugnisse ergeben, zur Marktzeit noch ein besonderes Marktkreuz aufgerichtet zu werden, um auszudrücken, daß die gesteigerten Freiheiten des während Marktes (vgl. unter III) ihren Anfang nehmen. In der Stadt Bozen wird noch heute während des Marktes die Marktfahne aufgezogen.

[18] Schröder, Rechtsgesch. S. 590.

[19] Daß das Kreuz schon in fränkischer Zeit als Marktzeichen gebraucht ward, zeigt die bei Schröder, Rolandssäulen S. 10 mitgeteilte Stelle aus der Translatio Filiberti (Mitte des 9. Jahrhunderts).

der Dorfgemeinde noch nicht unterscheidbar. Es giebt nur Landrecht, kein Stadtrecht.

Um den Ausgang des neunten Jahrhunderts beginnt die Zeit der Städtegründungen. Das Neue besteht darin, daß Orte auftreten, welche von Rechts wegen ständig Märkte sind[20]. Diese Orte führen das Kreuz zu jeder Zeit. Das Kreuz ist das Weichbild. Die Städte sind die Orte mit Weichbildrecht, d. h. mit dem Recht des ständigen Weichbildes (Marktzeichens). Damit ist die rechtliche Unterscheidung zwischen Stadt und Land gegeben.

Der Markt verlangt einen bestimmten Platz. Dieser Platz hat seine genauen Grenzen (mit Rücksicht auf das besondere Marktrecht). In den alten (Römer=) Städten, wo zweifelsohne zuerst, im Laufe des neunten Jahrhunderts, die Idee eines ständigen Marktes zur Entwickelung gelangt ist, werden wir uns, wenigstens für die frühere Zeit, den Marktplatz regelmäßig klein zu denken haben. Der Markt lag, wie es scheint, in der Mehrzahl der Fälle

---

[20] Noch das Edictum Pistense Karls des Kahlen vom Jahr 864 kennt nur vorübergehende Märkte (vgl. c. 8. 19. 20); nach c. 19 sind die Grafen angehalten, alle Orte zu verzeichnen, an denen Märkte gehalten werden, und zu bemerken, welche Märkte schon von früher her bestanden, vel quae tempore nostro convenire coeperunt; es soll entschieden werden, welche Märkte notwendig und rechtmäßig waren, quae vero superflua interdicantur vel locis suis restituantur. Allein bei der Pfalz zu Aachen scheint ein thatsächlich ständiger Markt gewesen zu sein, Capit. de discip. palatii (um 820) c. 2: per mansiones omnium negotiatorum, sive in mercato sive aliubi negotientur (Boretius, Capp. I, p. 298), vgl. Waitz, Verf.=Gesch., Bd. 4 (2. Aufl.) S. 45. Die erste Errichtung eines von Rechts wegen ständigen Marktes findet sich in einer Urkunde Ludwigs des Deutschen, vgl. Waitz, Verf.=Gesch. Bd. 6, S. 451, Anm. 1. Die zahlreichsten Marktgründungen fallen in die Zeit von 940—1070; unter Otto III erreicht die Bewegung ihren Höhepunkt, vgl. Rathgen, Entstehung der Märkte S. 58. — Wie oft thatsächlich in der Stadt Markt gehalten wird, ist rechtlich unerheblich. Die Ansicht von Aloys Schulte a. a. O. S. 154, daß der Wochenmarkt für die Stadt wesentlich sei, halte ich nicht für richtig. Es gab Städte, welche nur das Recht des Jahrmarkts hatten. So z. B. Wesel bis zum Jahr 1257, vgl. Reinhold, Verfassungsgesch. Wesels (1888) S. 19. 28. Ebenso Aachen nach dem Privileg von 1166 (Gengler, Codex iur. munic. I, p. 2). Erheblich ist nur, daß das Weichbildgebiet von Rechts wegen als ständiger Marktort gilt.

2*

n e b e n der schon bestehenden Ansiedlung (der Römerstadt), außerhalb der ältesten Befestigung — er ward dann später in den Umkreis der Stadtmauern mit einbezogen —, entweder weil es innerhalb der Mauern an dem nötigen Raum für den Marktverkehr
fehlte oder weil es wünschenswert schien, den Marktplatz in unmittelbarer Nähe des Flusses zu haben, wo die Schiffe mit ihren
Waren landeten[21]. Der Marktplatz umfaßte dann zunächst nur
das Gebiet, welches thatsächlich der Entfaltung von Handel und
Wandel diente, etwa mit Einschluß der Ansiedlung der Kaufleute,
welche auf und an diesem Marktplatz entstanden war. Sehr bald
aber ist der Marktplatz rechtlich erweitert worden. Es ward nicht
bloß die alte Ansiedlung (die Römerstadt), sondern auch ein weiteres
umliegendes Gebiet rechtlich für Marktplatz, für ein unter Markt-

---

[21] In Köln, Straßburg, Regensburg und Augsburg lag der Markt in
der Neustadt, außerhalb der alten Römerstadt (unmittelbar am Fluß), vgl.
Köhne, Ursprung S. 91, Anm. 5; Höniger, Ursprung der Kölner Stadtverfassung, Westdeutsche Zeitschr. f. Geschichte und Kunst, Bd. 2 (1883) S. 241.
In dieser Neustadt wohnten (in der Umgebung des Marktes) die Kaufleute,
Höniger a. a. O. S. 232. 241. In Regensburg hieß die Neustadt daher pagus
mercatorum, vgl. Gemeiner, Ursprung der Stadt Regensburg (1817) S. 78 ff.;
Waitz, Verf.-Gesch. Bd. 7, S. 408, Anm. 1. Der Markt von Paris wurde
ursprünglich im vicus sancti Dionysii, dann ad Parisius civetate inter
sancti Martini et sancti Laurento (Urk. Childeberts III vom J. 710 bei
Pertz, Dipl. I, p. 69), d. h. außerhalb der Stadt Paris gehalten, vgl. die
(aus dem 9. Jahrhundert stammende) gefälschte Urkunde Dagoberts bei Pertz
l. cit. p. 141: mercatum construendo ad missa ipsa (s. Dionysii) — in
illa strada quae vadit ad Parisius civitate in loco qui dicitur
Pasellus s. Martini, — et nullus negociator in propago Parisiaco audeat
negociare, nisi in illo mercado, quem in honore s. Dionysii constituimus.
Ganz geradeso wird der Markt bei Radolfzell im J. 1100 n e b e n der bereits
bestehenden bäuerlichen Ansiedlung gegründet, Aloys Schulte a. a. O. S. 141.
143. 146. — Auffallend ist die Beziehung, in welcher der Marktverkehr zum
heiligen Martinus zu stehen pflegt. In Straßburg lag der Markt an der
Martinskirche (erstes Straßburger Stadtrecht § 15: in foro iuxta sanctum
Martinum, Straßb. Urkundenbuch, Bd. 1, S. 468); in Köln war die Kauf-
mannsparochie (die Neustadt) die Martinspfarre, Höniger a. a. O. S. 232.
241, und bei Paris ward, wie die soeben angeführten Urkunden darthun, der
Markt gleichfalls in der Nähe der Martinskirche abgehalten.

recht stehendes Gebiet erklärt. Schon gegen Ende des 10. Jahrhunderts bildet dies die Regel[22]. Die Grenzen dieses weiteren
Gebiets wurden dann gleichfalls durch Kreuze (Weichbilder) bezeichnet[23]. So entstand das Weichbild der Stadt, d. h. das Gebiet, welches rechtlich als Marktgebiet (Marktplatz) galt. Die
Stadt ist eine Ansiedlung mit solchem Marktgebiet.

---

[22] Das beweist die Urkunde für Allensbach v. J. 1075 (bei Schulte
a. a. O. S. 169), welche in diesem Punkt auf eine Urkunde Ottos III zurückgeht: imperiale bannum — persolvant, qui furtum, rapinam, invasionem
— infra terminum eiusdem oppidi facere praesumpserint. Est autem
terminus ab orientali plaga quousque ab oppido ingrediatur silva ad
Azenhus, a meridie medietas laci, ab occidente vallum caenolentum ad
Husen, ab aquilone rivulus Swarzanbach. Vgl. Schulte a. a. O. S. 153.
154. Die Grenze des Weichbildes war hier also weit vor die Stadt hinaus-
geschoben. Eine derartige Verfügung ist schwerlich zuerst für den unbedeutenden
Ort Allensbach getroffen worden. Sie läßt erkennen, daß das bereits bei
Marktgründungen Regel war. Doch ist es namentlich bei den alten Römerstädten, deren Weichbild sich zunächst durch bloße thatsächliche Übung bildete,
deutlich erkennbar, daß das alte enge Weichbild erst allmählich sich erweiterte.
In einer Urkunde des Erzbischofs Arnold von Köln v. J. 1154 (Lacomblet,
Urkundenbuch des Niederrheins, Bd. 1, Nr. 380) heißt es: die habitatores
ville S. Pantaleonis sollen nicht ad communem civium collectam heran-
gezogen werden dürfen, hoc apponentes, si quandoque vallo et muro
civibus coadunentur, communi etiam civium iure teneantur. Daraus
ist zu folgern, daß das Weichbild von Köln noch im Jahr 1154 auf das
ummauerte Gebiet beschränkt war; erst wenn die habitatores von
St. Pantaleon in den Ring der Stadtmauer mit einbezogen sind, werden sie mit
den cives vereinigt und dem ius civium unterworfen. Die Urkunde Friedrichs II für Worms vom J. 1220 läßt erkennen, daß das Weichbild von
Worms erst damals eine merkliche Erweiterung erfuhr. Es heißt: termini
autem huius pacis protendantur ad ulteriores fines vinearum etc.
(Boos, Urkundenbuch der Stadt Worms, Bd. 1, Nr. 124; vgl. Nr. 73). Daß
auch bei neuen Marktgründungen noch enge Weichbildgrenzen vorkamen, beweist
das Beispiel von Radolfzell, wo im Jahre 1100 nur ein eng begrenztes Stück
innerhalb der Radolfzeller Feldmark als forum ausgesondert und mit ius fori
bewidmet wurde; erst im Jahr 1267 ward das Weichbildrecht (ius fori) auf
den ganzen ummauerten Ort ausgedehnt (Schulte a. a. O. S. 148).

[23] Ein Beispiel giebt die Urkunde des Markgrafen Otto für Leipzig (zwischen
1156 und 1170), v. Posern-Klett, Urkundenbuch der Stadt Leipzig, Bd. 1
(Codex diplomaticus Saxoniae regiae, 2. Hauptteil, Bd. 8), Nr. 2: iuris

Der Ausdruck Weichbild ist niedersächsisch und steht daher im
wesentlichen nur in Nord= und Mitteldeutschland im Gebrauch[24].
In demselben Sinne wie im sächsisch=thüringischen Gebiet der Aus=
druck Weichbild, ist im Alemannischen die Bezeichnung Marktrecht
üblich. So heißt es in dem Rechtsbrief Rudolfs von Habs=
burg für Lindau v. J. 1275:

> super possessionibus, iuri forensi ipsorum civitatis sub-
> iacentibus soll nur im Stadtgericht gerichtet werden[25].

Ferner in einer auf Lindauer Grundstücke bezüglichen Urkunde
Rudolfs von Habsburg v. J. 1281:

> de bonis suis, quae nunc habent vel possident (zwei Schwestern)
> infra limites iuris forensis, quod vulgariter marcht-
> recht dicitur, etc. — — — connumeratis bonis suis, quae
> extra ius forense et praeter domicilium suum nunc possi-
> dent — [26].

Und endlich in dem deutschen Lindauer Stadtrecht:

> desselben burgers gut — etz si ligentz ald varentz, etz si
> in der Stadt ald in dem marktrecht etc., — — uss-
> mann, h. e. diejenigen, die ausserhalb des Lindauischen
> marktrechtens gesessen[27].

Die letzte Stelle unterscheidet bereits, dem späteren Sprach=
gebrauch entsprechend, „Stadt“ und „Marktrecht“. Das Marktrecht
im engeren (jüngeren) Sinne ist das Gebiet der Stadt (im Gegensatz
zur Stadt selber), das außerhalb der Stadt, aber doch „zu Stadt=

---

etiam sui quod wicbilede dicitur signum petentibus unum in
medio Halestrae, secundum in medio Pardac, tertium ad lapidem qui est
prope patibulum, quartum trans fossam qua lapides fodiuntur demon-
stravit. Das eine Kreuz stand also inmitten der Elster, das zweite inmitten
der Parthe, das dritte am Wege nach Connewitz, das vierte am Hallischen Stein=
weg. Vgl. Schröder, Rolandssäulen S. 5. 6. Andere Fälle sind zahlreich
vgl. Schröder ebenda S. 6. 7.

[24] Vgl. Schröder, Weichbild S. 318. Rolandssäulen S. 3.
[25] Gengler, Deutsche Stadtrechte des Mittelalters S. 253.
[26] Haltaus, Glossarium col. 1328.
[27] Haltaus a. a. O.

recht liegende" Gebiet. Ganz geradeso wird das Wort Weichbild gebraucht. So in einer Erfurter Urkunde v. J. 1281:

sive intra civitatem Erphordensem vel extra in loco qui wichpilde dicitur in vulgari[28].

Und in einer Paderborner Urkunde v. J. 1256:

oppidum S. — in augmento cum termino quod dicitur Wicbilde[29].

Das „Marktrecht" im weiteren (ursprünglichen) Sinne schließt, ebenso wie „Weichbild", die Stadt ein.

Die Stadt mit ihrem Gebiet heißt wie dort Weichbild, so hier Marktrecht, weil das Stadtgebiet ein Marktgebiet darstellt. Das Wesen des Stadtgebiets kann nicht deutlicher ausgedrückt werden als durch den dargelegten Sprachgebrauch. Dementsprechend heißt es in der Urkunde Rudolfs von Habsburg für Aarau in der Schweiz v. J. 1283:

Zo dem ersten male han wir in (den Bürgern zu Aarau) gesetzet unde zuo rechte gegeben, dz ir vride kreiz invauc hinnan hin iemer eweclige marchtes recht haben sol, nach der stat sitte unde gewonheit[30].

Der „Friedekreis" der Stadt Aarau soll „immer und ewiglich Marktrecht" haben. Die Stadt mit ihrem Weichbild ist ein immerwährender Marktplatz. Wie sehr auch im sächsischen Gebiet gerade diese Bedeutung des Ausdrucks Weichbild geläufig war, zeigt eine Urkunde Friedrichs I v. J. 1181:

Erhard, reg. hist. Westfaliae Nr. 416 (Bd. II S. 156): Omnia bona ipsi (sc. ecclesiae b. Mariae in Overenkerken) legitime collata — monasterio illi confirmavimus, et ut in villa Overenkerken forum sit, quod in vulgari wicbilethe dicitur, concessimus, et peregrinos seu alios ad forum euntes nostra pace et protectione gaudere volumus.

---

[28] Haltaus, Gloss. col. 2051.
[29] Haltaus ebenda.
[30] Gengler, Codex iuris municipalis, Bd. 1 (1863), S. 12.

In Süddeutschland, insbesondere im bayrisch-österreichischen Gebiet, finden wir als dritten gleichbedeutenden Ausdruck die Bezeichnung „Burgfriede" und „Burgrecht". So heißt es im Wiener Stadtrecht v. J. 1244 § 49:

> Super hec omnia statuimus, ut nullus vinum ungaricum terminis civitatis, qui termini vocantur purchfriede, inducere debeat ad vendendum[31].

Augsburger Stadtrecht v. J. 1276 Art. IX § 1:

> Ez hat der burcfride daz reht: swelh man hie ze Auspurch ainen totslak tut, swer den burcfride danne hat („wer als Einwohner des Burgfriedens am Burgfrieden Anteil hat"), der sol dem vogte klagen — [32].

Wie in Norddeutschland der Ausdruck Weichbild auch auf die einzelnen Grundstücke in der Stadt übertragen wird, geradeso in Süddeutschland der Ausdruck „Burgrecht".

Augsburger Stadrecht von 1276 Art. XCIX: Elliu burcreht, diu in den ehaften zol niht hoerent, daz sin huser, garten, baumgarten, swem man burcrehtzins davon git, ez sin phaffen oder leien, die lute die den Zins davon gaebent, die suln allez daz reht haben daz die lute habent, die ir zins gaebent in den zol nah burcrehte[33].

Wiener Stadtrechtsbuch Art. 119: Was nu purkrecht sei, das wil ich eu chunden. Das sind heuser, tischstet, fleischpenk, protpenk, hofstet — und phenniggelt, wo das leit auf der erb ainem[34].

---

[31] Bischoff, Österreichische Stadtrechte und Privilegien (1857) S. 193.

[32] Chr. Meyer, Das Stadtbuch von Augsburg (1872) S. 23. Vgl. das alte Augsburger Stadtrecht aus der ersten Hälfte des 12. Jahrhunderts Art. III § 1 (Meyer a. a. O. S. 310): Quicunque violator urbanae pacis exstiterit, domno episcopo X talentis satisfacere debet; quae si non habuerit, corio et crinibus puniendus est.

[33] Meyer, Stadtbuch von Augsburg S. 181.

[34] Schuster, Das Wiener Stadtrechts- oder Weichbildbuch (1873) S. 113. Das Wiener Stadtrechtsbuch, welches wahrscheinlich erst aus der zweiten Hälfte des 14. Jahrhunderts stammt (Schröder, Rechtsgesch. S. 649), zeigt, daß der

Auch der Zins („Pfenniggeld“), welcher kraft der städtischen Leihe vom städtischen Grundstück zu zahlen ist, führt wie in Norddeutschland den Namen Weichbild[35], so in Süddeutschland den Namen „Burgrecht“ („Burgrechtszins“). Die städtische Leihe, in Norddeutschland Leihe „nach Weichbildrecht“, ist in Süddeutschland eine Leihe „nach Burgrecht“.

Passauer Privileg von 1225, § 1: emphitoesim id est ius civis, quod vulgariter diciter purchrecht[36].

Die Ausdrücke Weichbild, Marktrecht, Burgrecht sind gleichbedeutend. Mit dem Ausdruck „Marktrecht“ ist die sachliche Bedeutung von „Weichbild“ wiedergegeben. Wie kommt es, daß das Weichbild auch „Burgrecht“ heißt?

Das Wort Weichbild wird von Schröder nach seinem Wortsinne als „Orts- oder Stadtbild“ gedeutet[37]. Die Erklärung befriedigt nicht völlig, weil sie keinen für die Stadt eigenartigen Gedanken erkennen läßt. „Orte“ waren ja auch die Dörfer. Warum haben aber die Dörfer kein Weichbild? Warum sind nur die Orte, welche Städte geworden sind, durch ein Weichbild

---

Ausdruck „Burgrecht“ von der Stadt auch auf das umliegende Land sich verbreitete, da auch solche ländliche Grundstücke häufig von Bürgern erworben wurden. Der citierte Artikel des Wiener Stadtrechtsbuchs unterscheidet, ob das „Burgrecht“ in der stat und aussen umb die stat (innerhalb des Weichbildes) oder in dem geu (außerhalb des Weichbildes) gelegen ist, und im letzten Fall, ob ein Bürger oder ein Bauer der Besitzer ist. Nur für das echte Burgrecht (innerhalb des Weichbildes) gilt schlechtweg die Zuständigkeit des Stadtgerichts.

[35] Pauli, Abhandlungen aus dem Lübischen Rechte, 4. Teil: Die sogenannten Wieboldsrenten (1865), S. 14. 24 ff.

[36] Gengler, Deutsche Stadtrechte S. 344. Vgl. das Münchener Privileg von 1264, § 1 (Gengler a. a. O. S. 294): daz alle die, die sin in der stat oder auzzerhalb, apt oder bröbest, arm oder reich, die in der stat oder darumbe, daz doch zu der stat gehoret (innerhalb des Weichbildes) haus und hof, aigen oder lehen, ez si garthe, poumgartte, hofstat oder swie ez genant si, habent, mit iu stiwren sulen und alliu ein reht dulden, diu si nach ir burickreht dulden sulen, an den rihter von der stat und den chastener und an unsern rat. — Haltaus, Glossar. col. 195.

[37] Schröder, Weichbild S. 317. Rechtsgesch. S. 591.

ausgezeichnet? Sollte es möglich sein, das Wort Weichbild (wik-
belde) noch besser in unser „geliebtes Hochdeutsch“ zu übertragen?

„Weichbild“ ist sprachlich von wîch (mittelnd. wîk) abzuleiten, d. h. von dem deutschen Wort, welches dem lateinischen
vicus, dem griechischen οἶκος wurzelverwandt ist[38]. Die Grundbedeutung des Wortes ist, wie das griechische οἶκος bestätigt, nicht
„Ort“, sondern „Haus“. Gerade diese Grundbedeutung paßt für
unseren Fall. Wir können noch weiter gehen. Das deutsche
„Weich“ (wîch, wîk) bezeichnet das befestigte Haus. In
diesem Sinne ist in den deutschen Städten häufig von „Wich-
häusern“, „Weichhäusern“, d. h. von befestigten Häusern die Rede[39].
Mit anderen Worten: Wich oder Weich bedeutet die Burg. So
ist Weichbild das Burgbild. Es ist das Bild, Zeichen, daß
an diesem Platz eine Burg ist und hier das Gebiet der Burg
sich erstreckt. Das Weichbild bezeichnet das Gebiet, für
welches Burgrecht gilt. So kann in Süddeutschland wie der
Ausdruck „Marktrecht“, so auch der Ausdruck „Burgrecht“ anstatt
des norddeutschen „Weichbild“ gebraucht werden. Der Ausdruck
„Marktrecht“ giebt den sachlichen, der Ausdruck „Burgrecht“ den
wörtlichen Sinn von Weichbild (Burgbild) wieder. Aber, wie wir
sehen werden, der sachliche Sinn „Marktrecht“ (Zeichen des Marktrechts) hat den wörtlichen Sinn „Burgrecht“ (Zeichen des Burgrechts) zur Grundlage.

Das Weichbild ist das Zeichen, welches aussagt, daß die Stadt
eine Burg ist. Jede Stadt ist eine Burg, auch die nicht befestigte. Die Befestigung der Städte bildet bekanntlich die Regel.
Aber wesentlich ist die Befestigung für die Stadt im Rechtssinne
nicht[40]. Notwendig ist nur das Recht des Burgzeichens,

---

[38] Schröder, Weichbild S. 316. 317.

[39] Vgl. v. Maurer, Gesch. d. Städteverf., Bd. 1, S. 116. 117.

[40] Aloys Schulte a. a. O. S. 158. 161. Die Stadt Allensbach war
nicht befestigt. Die Stadt Radolfzell, d. h. die Stadt im Rechtssinn (das Gebiet,
für welches ius fori, Stadtrecht, galt), war bis zum Jahr 1267 kleiner als der

d. h. das Weichbildrecht, um den Ort zur Stadt zu machen. Nicht die Errichtung der steinernen Mauer, sondern die ideale Mauer, welche durch die Weichbildgrenzen, regelmäßig den Ringmauern der Stadt weit vorliegend, um die Stadt gezogen worden ist [41], macht die Stadt zur Burg, zur Burg im Rechtssinne, zu der Burg nämlich, welche das besondere Burgrecht hat. Weil jede Stadt eine Burg im Rechtssinne ist, heißt der Städter Bürger. Die allgemeine Geltung, welche der Name „Bürger" (burgensis) in Deutschland hat, beweist, daß die Vorstellung, nach welcher die Stadt begrifflich eine Burg mit Burgrecht ist, die gemeingültige, auch durch das norddeutsche „Weichbild" in bewußter Weise zum Ausdruck gebrachte Grundvorstellung war. „Bürger" sind und heißen die Leute, für welche das besondere Burgrecht gilt, welche des Burgrechts (Weichbildrechts) teilhaftig sind. Bürger wird man, wie schon an dieser Stelle klar ist, nicht durch das Wohnen in der Stadt als solches, sondern durch die Teilnahme am Burgrechte. In der Stadt können auch Herren, Ritter, Bauern ihren Wohnsitz haben. Mit der Schaffung der Stadt entsteht neben diesen Ständen des platten Landes ein neuer Stand, der Bürgerstand.

Die Stadt ist ein Markt, auch zu den Zeiten, in denen kein

Umkreis der Ringmauer, vgl. oben Anm. 22 a. E. Weil die Städte jedoch regelmäßig als befestigte Plätze vom platten Land sich unterschieden, begegnet in spätern Zeugnissen die Gleichsetzung der Stadt mit einem befestigten Ort. So in dem Privileg für Haltern vom J. 1288 (Kindlinger, Münsterische Beiträge, Bd. 1, Nr. 1): nos — villam nostram H. — munire cupientes ad communem utilitatem omnium — decrevimus ibidem opidum de novo instituere (folgt die Bewidmung mit Münsterschem Stadtrecht). Ebenso Privileg für Lüdinghausen von 1307 (Niesert, Beitr. zu einem Münsterischen Urkundenbuche, Bd. 1, S. 499).

[41] Doch kann die Weichbildgrenze mit der Stadtmauer zusammenfallen, vgl. oben Anm. 22. Ebenso kann die Weichbildgrenze innerhalb der Stadtmauer gezogen sein, wie in dem alten Radolfzell, vgl. Anm. 40. Unwillkürlich wird man an das römische pomerium erinnert, vgl. A. Nissen, Beiträge zum römischen Staatsrecht (1885) S. 32—34.

Markt gehalten wird. Sie ist ferner eine Burg, auch wenn sie
durch keine Mauer geschirmt sein sollte.

Wessen Burg ist die Stadt? Diese Frage wird durch
die Art des Weichbildes, des Burgzeichens, beantwortet. Das
Weichbild hat in der Regel die Form des Kreuzes. An dem Kreuz
pflegt ein Handschuh zu hängen. Neben dem Handschuh oder an
Stelle desselben kommt auch ein Schwert als Beigabe zu dem
Kreuze vor. Anderswo begegnet uns das Schwert allein oder eine
Fahne oder ein Hut oder ein Schild oder ein auf die Stange ge-
steckter Strohwisch, auch wohl ein Busch. Die Bedeutung aller
dieser Zeichen, welche sämtlich von Schröder als Marktzeichen,
Zeichen des Marktfriedens und des Marktgerichts, nachgewiesen
worden sind [42], ist immer die gleiche. Der Handschuh, das Schwert,
der Hut, die Fahne sind, wie Schröder bereits ausgeführt hat,
des Königs Leibzeichen. Alle diese Symbole bedeuten, daß der
König anwesend ist. Gerade diesen Sinn hat das regelmäßig
als Weichbild begegnende Kreuz. Das Stadtkreuz hat nichts mit
dem christlichen Kreuz zu thun. Es ist wahrscheinlich aus dem
Königsbanner hervorgegangen [43]. Die Fahne kommt ja noch später
als Marktzeichen vor. An dem Kreuz hing ursprünglich die Fahne
(die dann etwa zum Strohwisch verunstaltet wurde). Wie das
Kreuz die Königsfahne, so stellt der Handschuh, was ganz zweifellos ist, des Königs Handschuh, das Schwert des Königs
Schwert, der Schild des Königs Schild, der Hut des Königs
Hut dar [44]. Aus diesem Grunde ist das Stadtkreuz, dem man in
späterer, nach geschmackvolleren Formen begehrender Zeit den Handschuh, Schwert und Schild nicht so ohne weiteres anhängen mochte,
in die Rolandssäule verwandelt worden. Man gab einer
ritterlichen Figur die Symbole des Königtums zu tragen, und ward
die Rolandssäule in den Städten Norddeutschlands das Zeichen

---

[42] In seinen Arbeiten über Weichbild und Rolandssäulen.
[43] Schröder, Rolandssäulen S. 32.
[44] Schröder a. a. O.

der Stadtfreiheit wie einst das Stadtkreuz. Der Name Roland ward
dem Ritter nur deshalb gegeben, weil er des Königs Schwert
und Schild zu tragen hat. Das Schwert, welches die Stadtfreiheit
symbolisiert, ist nach der mittelalterlichen Überlieferung selbstverständlich das Schwert Karls des Großen. So muß Roland, der
berühmte Waffenträger Karls des Großen, auf dem Marktplatz
der Träger des Kaiserschwertes und des Kaiserschildes
sein [45].

Das Weichbild (Kreuz u. f. w.) bedeutet, daß hier der
König selber am Orte weilt. Es bedeutet, sofern es an
den Grenzen des „Weichbildes" aufgerichtet ist, daß hier die
Grenzen der Königsburg beginnen, das Gebiet des königlichen Burgfriedens, des königlichen Burgrechts seinen
Anfang nimmt. Jede Stadt ist eine Burg, und zwar eine Burg
des Königs. Der König ist darin.

Wir werden sehen, daß diese Gedanken des Burgrechts die
Grundlage des Marktrechts und durch das Mittel des Marktrechts
die Grundlage des Stadtrechts geworden sind.

Es ergiebt sich jetzt das volle Verständnis der bekannten
Stelle aus dem Magdeburger Rechtsbuch von der Gerichtsverfassung
c. 4 § 2. 3 (Sächf. Weichbildrecht Art. 9), wo es heißt:

Do sprochen die kouffleute kegen dem kunige, sie wolden
ouch gerne wissen, woran sie bleiben sulden. Do weisete sie
der kunig mit der Romer rate an die schiffreiche wassere, das
sie do feste stete bauten mit mauren und mit weighusern. Do
sprachen sie mehe kegen dem kunige, sie wolden gerne wissen,
an welchem rechte sie besteen sulden. Do gap in
der kunig also gethan recht, als er tegelichen in

---

[45] Schröder, Rolandsfäulen S. 26—30. Wie aus dem Citat die
Schröder S. 24 Anm. 3 hervorgeht, hatte schon der alte Böhmer (1832)
ganz das Richtige getroffen. Dann ging Zöpfl in seiner Arbeit über die
Rolandsfäule ganz irreführende Wege. Erst durch Schröder (der indessen
in seinem Aufsatz über Weichbild, S. 322, die Rolandsfäule noch als „Kaiser-
bild" deutete) ist die Sache ins klare gebracht worden.

s e i n e m   h o f e   h a t t e; das bestigte er in mit der Romer orkunde und bot seine hant dar.   Do greiff an eyn Kouffmann
und czoch im den rechten hanczken us der hant; do wart in
sente Peters frede gewurcht obir von gotis halben mit einem
kreucze.   Das ist noch das orkunde, wo man neue stete bauet
und merkte machit, das man do e y n   k r e u c z e   s e c z i t   u f f
d e n   m a r k t dorumb, das man sehe, das es des kunigs wille
sey, wenne w e i c h b i l d e   r e c h t von alder czeit her gestanden
hat und ist bewert von dem reiche und den namen behalden
hat bis heute an disen tag [46].

Der König giebt den Kaufleuten Weichbildrecht. Das Weichbildrecht ist das Recht des Kreuzes. Und was bedeutet das Recht
des Kreuzes? Es bedeutet die Verleihung d e s   g l e i c h e n   R e c h t e s,
w e l c h e s   d e r   K ö n i g   t ä g l i c h   a n   s e i n e m   H o f e   h a t, die Verleihung des Rechtes, welches in der K ö n i g s b u r g gilt, w o   d e r
K ö n i g   w o h n t. Die Verleihung des Weichbildrechts ist Verleihung dieses k ö n i g l i c h e n Burgrechts. Der Marktplatz (das
Weichbildgebiet) wird durch das Kreuz zur Königsburg, der Kaufmann zum Bürger, d. h. zum Angehörigen der Königsburg.

Ja, durch das Kreuz ist der Marktplatz (die Stadt) nach
fränkischem Amtsrecht geradezu f ü r   d e n   K ö n i g   i n   B e s i t z   g e-
n o m m e n   w o r d e n. Die Aufrichtung des Kreuzes ist schon von der
fränkischen Zeit her das Zeichen für die missio in bannum, für die
Beschlagnahme des Grundstücks im Namen des Königs, für die
Fronung, d. h. für die K o n f i s k a t i o n. Durch das Burgbild
(das Kreuz) wird wie sonst ein Grundstück, so hier der Marktplatz (das Weichbild der Stadt) nach fränkischem ius honorarium
z u m   B e s i t z   u n d   E i g e n t u m   d e s   K ö n i g s [47]. So erklärt es

---

[46] L a b a n d, Magdeburger Rechtsquellen (1869) S. 55. 56.

[47] Über das Kreuz als Symbol der missio in bannum vgl. jetzt S c h r ö-
der, Weichbild S. 319—321. Rolandssäulen S. 31. Die missio in bannum
bewirkt formell die Einziehung des Grundstücks in des Königs Eigentum
(solchen, die Widerspruch zu erheben haben, steht die Frist von Jahr und Tag
offen) und zugleich den Erwerb des Besitzes für den König (siehe z. B. die
bei S c h r ö d e r, Weichbild S. 312 Anm., angezogene Stelle aus den Olim:

sich, daß zu den Zeiten der Anfänge des deutschen Städtewesens, im 10. Jahrhundert, als die ursprünglichen Vorstellungen noch frisch, in dem allgemeinen Rechtsbewußtsein lebendig waren, geradezu alle Städte königliche Städte genannt werden. In der bekannten Urkunde Ottos I vom Jahre 965 für den Erzbischof Adalbag von Hamburg, Markt, Münze und Kaufleute in Bremen betreffend, (Monum. Germ. Dipl. regum Germ. I Nr. 307) heißt es: constet, nos — construendi mercatum in loco Bremun nuncupato illi concessisse licentiam. Bannum et theloneum nec non monetam totumque quod inde regius reipublicae fiscus obtinere poterit, prelibatae conferimus sedi, quinetiam negotiatores eiusdem incolas loci nostrae tuicionis patrocinio condonavimus, precipientes hoc imperatoriae auctoritatis precepto, quo in omnibus tali patrocinentur tutela et potiantur iure quali ceterarum regalium institores urbium, nemoque inibi aliquam sibi vendicet potestatem, nisi prefati pontificatus archiepiscopus et quem ipse ad hoc delegaverit.

Es leidet keinen Zweifel, daß mit den regales urbes die Marktstädte, und zwar sämtliche Marktstädte (die Städte im Rechtssinne), gemeint sind[48]. Die Kaufleute von Bremen sind trotz der Gewalt des Erzbischofs über den Ort Kaufleute einer Königsstadt (ceterarum regalium urbium). In der Urkunde Ottos III für Hamburg vom Jahre 988 (Bremisches Urkundenbuch Nr. 14) wird genau derselbe Ausdruck (ceterarum regalium institores urbium) gebraucht. In der Bestätigungsurkunde Heinrichs II (ebendaselbst Nr. 16) heißt es dann: tali tutela et iure potiantur, quali maiorum videlicet civitatum institores per nostrum regnum potiri noscuntur.

Die Marktstädte sind die „Großstädte“ (maiores civitates) des Reichs. Die Großstädte aber sind mit den Königsstädten identisch. Ganz in demselben Sinne heißen die Marktstädte civitates publicae. Kaiser Heinrich II verordnet im Jahre 1014 für Worms:

manum nostram et saisinam in ipso, sc. fundo, positas frangendo). Über das fränkische Recht vgl. Reichs- und Gerichtsverfassung S. 119 ff.

[48] Vgl. Köhne, Urspr. d. Stadtverf. S. 242. Heusler, Urspr. S. 68. 69.

Der Bischof von Worms hat sich beschwert ob frequentem
iniuriam ac legem iniustam a comitibus nostris familie sue
ecclesie tali presumptione impositam, ut quisquis ex eadem
familia in furto vel pugna aut aliqua criminali causa culpabilis
inventus fuisset, seu magna vel parva res esset, 60
solidos comiti semper componere debuisset. — — Illos vero
60 solidos, quos usque nunc iniusta et irrationabili lege
receperunt, omnino interdicimus nisi in publicis civi-
tatibus [49].

Die Erhebung des Königsbanns von 60 solidi für jede Misse-
that, mag sie groß oder klein sein (seu magna seu parva res
esset), ist nach dem Zeugnis des Kaisers nur in den civitates
publicae zulässig [50]. Der Königsbann ist (wie sich später er-
härten wird) das Kennzeichen des Marktrechts (Weichbildrechts).
Civitas publica ist die Marktstadt. Sie ist eine „öffentliche",
eine der res publica, d. h. eine dem Reich [51] gehörige Stadt. Die
Marktstadt ist als solche Reichsstadt, Königsstadt [52]. Civitas publica,
civitas regalis, maior civitas sind einander deckende Begriffe. Das
Eigentum des Königs ist für die große Mehrzahl der Städte ein
bloß formelles, lediglich in der rechtlichen Vorstellung bestehendes,
weil mit der Gründung des Marktes in weitaus den meisten
Fällen die Verleihung des Marktes an einen Marktherrn (an
einen Bischof, an ein Kloster u. s. w.) verbunden ist. Aber trotz

---

[49] Boos, Urkundenbuch für Worms, Bd. 1, Nr. 42.

[50] Dementsprechend hat auch das Statut des Bischofs Burchard von
Worms c. 27 für den schweren Schlag, c. 26 für das bloße Schwertzücken
das Gewedde von 60 solidi, beide Male unter der Bedingung, daß die Hand-
lung in civitate geschehen sei; vgl. auch c. 20. Dadurch wird bestätigt, was
auch sonst (trotz der von Hegel, Allg. Monatsschrift 1854 S. 171. 164 in der
Anm., Waitz, Verf.-Gesch. Bd. 7, S. 376 Anm. 3, Köhne, Urspr., S. 157,
erhobenen Bedenken) zweifellos sein würde, daß die Stadt Worms selber eine
publica civitas war, vgl. Heusler, Urspr. der Stadtverf. S. 120. 121.

[51] Vgl. z. B. die eben angeführte Urkunde Ottos I: regius rei publicae
fiscus; Waitz, Verf.-Gesch. Bd. 6, S. 366; Bd. 8, S. 219.

[52] Dementsprechend wird der rechtmäßig bestehende Markt abwechselnd
ein „gesetzlicher", ein „freier", ein „königlicher" und ein „öffentlicher" genannt,
Waitz, Verf.-Gesch. Bd. 7, S. 381.

der Verleihung des Marktes und der Gewalt über den Markt an den Marktherrn bleibt der Marktplatz (die Stadt) ein Platz mit königlichem Burgrecht, eine Königsstadt[53].

Es versteht sich nach dem vorigen von selber, daß die Markt= gründung (Stadtgründung) ein Regal ist. Nur der König kann eine Königsburg gründen. Es ergiebt sich zugleich, daß die Städte= gründung des 10. und 11. Jahrhunderts eine bedeutsame Macht= äußerung und zugleich einen nicht zu unterschätzenden Machtzuwachs für das Königtum bedeutete. Durch die Märkte, welche die Ottonen und Heinriche in das Leben riefen, bedeckte sich der Boden Deutschlands mit Königsburgen. Trotz der Verleihung zahlreicher Märkte an die Großen des Reichs als Marktherren blieb es unvergessen, daß alle Städte (die Marktstädte) urbes regales seien. Mit diesen Burgen neuer Art kam als ein neuer Bestandteil des nationalen Lebens der Bürgerstand empor, in= mitten der Welt des Feudalismus die Gedanken künftiger Zeit in seinem Schoße tragend. Wie von selber mußte sich das Band zwischen Königtum und Bürgertum knüpfen. Schon zu den Zeiten Heinrichs IV fiel es politisch bedeutsam in die Wagschale. Wo war die Hand des deutschen Königtums, die Hand dieses neuen Standes, der Großmacht der Zukunft, zu ergreifen? Ein Bürger= stand erhob sich neben Ritterstand und Bauernstand, und der Bürgerstand war von vornherein ein Stand von des Königs Bürgern.

In dem dargelegten Sinne ist das Weichbild ein Burgbild, die Stadt eine Burg. Jetzt gilt es, das Stadtrecht aus dem Burgrecht zu entwickeln.

[53] Zu vergleichen ist die Anwendung der missio in bannum (Konfis= kation) als Mittel des Exekutionsverfahrens, sowie des Friedewirkens bei der gerichtlichen Auflassung. Obgleich auch hier das Eigentum des Königs ein bloß formelles ist, finden auf das gefronte (befriedete) Gut doch die Rechtssätze vom Königsgut Anwendung, vgl. Zeitschr. d. Savigny=Stiftung für Rechtsgeschichte, Germanistische Abteilung. Bd. 1 (1880) S. 54—56.

II.

Der Stadtfriede.

Jedes Haus ist nach deutschem Recht befriedet. Einen besonderen Frieden (den Burgfrieden) aber besitzt das Königshaus.

Lex Alam. (ed. K. Lehmann) 28, 1: De his qui in curte
duci hominem occiderit — triplice wirigeldum eum solvat (das
Haus des Herzogs steht dem Haus des Königs gleich).

Lex Bai. II, 10: Si quis in curte ducis scandalum com-
miserit, ut ibi pugna fiat — quicquid ibi factum fuerit, omnia
secundum legem conponat et propter stultitiam suam in publico
conponat solidos 40 (Bannstrafe) —. 12: Si quis infra curte
ducis aliquid involaverit, quia domus ducis domus publica est,
triuniungelt conponat, id est ter nove conponat —.

Lex Fris. XVII, 2: Qui in curte ducis — hominem occiderit, novies weregildum eius componat et novies fredam (d. h.
den Bann) ad partem dominicam.

Wer im Hause des Herzogs (Königs) sich ein Vergehen zu
schulden kommen läßt, muß mehrfache Buße bezw. außer der
Buße die öffentliche Bannstrafe zahlen. Diese Strafwirkung tritt
für das Vergehen im Hause des Herzogs (Königs) als solchem ein,
mag der Herzog (König) im Hause anwesend sein oder nicht.

Daneben gilt ein zweiter Rechtssatz. In gleicher Weise wie
das Vergehen im Hause des Königs wird das Vergehen in der

Nähe des Königs gestraft, an welchem Ort der König auch sein möge. Wir lesen in dem Edikt des Königs Rothari c. 37:

Si quis liber homo in eadem civitatem, ubi rex praesens est aut tunc invenitur esse, scandalum penetrare praesumpserit, id est si incitaverit et non percusserit, sit culpabiles solidos duodicem in palatium regis. Nam si perfecerit et percusserit, sit culpabiles in palatium regis solidos viginti et quattuor; excepto plagas aut feritas si fecerit, sicut subter adnexum est, componat. Vgl. c. 38: entsprechende Strafbestimmung, si servus in eadem civitatem, in qua rex tunc invenitur esse, scandalum incitaverit.

Das Verbrechen ist in der Stadt begangen, in welcher der König sich befindet, nicht im Hause des Königs, wo der König weilt. Es ist, ebenso wie vorher, außer der ordentlichen Komposition an den König Bannstrafe zu zahlen[54]. Hier liegt kein echter Burgfriedensbruch vor (das Verbrechen geschah in einem anderen Hause, an einem anderen Orte), aber doch eine Beleidigung der Person des Königs durch die örtliche Nähe des Verbrechens. Die ganze Umgebung des Königs, wo er auch sei, jedes Haus, in welchem der König ist, soll als ein Gebiet des Friedens geheiligt sein. Wir können dies Vergehen (Verletzung des Friedens in der Nähe des Königs, aber nicht im Hause des Königs) als Quasi-Burgfriedensbruch bezeichnen. Die Strafe ist die gleiche wie vorhin (nur öffentliche Geldstrafe).

Die beiden erschwerenden Umstände können aber miteinander zusammentreffen. Das Verbrechen kann zugleich im Hause des Königs und in der Nähe des Königs begangen sein. Das ist dann der Fall, wenn der König in dem Königshofe anwesend ist, in welchem das Verbrechen begangen wird. In diesem Fall tritt peinliche Strafe ein.

---

[54] Verwandte Bestimmungen in nordgermanischen Rechtsquellen s. bei Wilda, Das Strafrecht der Germanen S. 259. 260. Vgl. ferner Äthelbirhts Gesetze c. 3. 4. 5. 8. 10 (Schmid, Gesetze der Angelsachsen, 2. Aufl. 1854, S. 3).

Edictus Rothari c. 36: Si quis intra palatium regis, ubi rex praesens est, scandalum penetrare praesumpserit, animae suae incurrat periculum, aut redimat anima sua, si optenere potuerit a rege[55].

Genau die entsprechenden Sätze finden wir für das fränkische Reichsrecht unmißverständlich bezeugt in den Satzungen des Bischofs Remedius von Chur vom Beginne des 9. Jahrhunderts:

Cap. Rem. c. 3 (Legg. V p. 182): Quod si quis in civitate aut castello aut in aliqua curte, ubi domnus ipse fuerit, homicidium fecerit, componat quem occidit hoc modo sicut superius eum conscripsimus (unmittelbar vorher sind die Wergeldsätze angegeben), et propter quod infra castellum vel curte hoc fecerit, ubi domnus ipse fuerit, addat in domnica sol. 60.

Der „Herr“ (dominus) ist der Bischof von Chur. Er steht in der Rechtsaufzeichnung dem König gleich[56] und empfängt daher den sonst im fränkischen Reich dem König vorbehaltenen Titel dominus, Herr; die Zahlung an den Bischof ist eine Zahlung in domnica (in dominico), an den Fiskus, den Schatz des „Herrn“. Die Stelle handelt von dem Vergehen, welches in der Nähe des

---

[55] Die angelsächsischen Quellen haben schon früh den Rechtssatz, daß wenigstens schwerere Fälle des Burgfriedensbruchs stets peinlich gestraft werden, ohne Rücksicht darauf, ob der König in seinem Hause anwesend war. So hat Ine c. 6 (Schmid a. a. O. S. 23) für „fechten in des Königs Hause“ die Todesstrafe, ebenso Anhang IV c. 15 (Schmid a. a. O. S. 385), „wenn jemand in des Königs Burg oder in seiner Nähe ficht oder stiehlt“. Daß darin eine Abweichung von dem Ursprünglichen liegt, wird wie durch die Gesetze Äthelbirhts (wo c. 4 auch der Fall des Stehlens vorgesehen ist), so durch die übereinstimmenden Rechtssätze des langobardischen und des fränkischen Reichsrechts bewiesen.

[56] Der Bischof von Chur sowie der populus Curiensis waren durch Karl den Großen und sodann durch Ludwig und Lothar in den besondern Königsschutz genommen und ihnen gestattet worden, nach eigenen Gesetzen und Gewohnheiten zu leben, vgl. Brunner, Deutsche Rechtsgeschichte, Bd. 1 (1887) S. 364. Es war dadurch, wie unsere Rechtsaufzeichnung beweist, auch der Königsbann dem Bischof überlassen worden. Der Bischof von Chur erscheint geradezu als Landesherr.

Bischofs (Königs) begangen worden ist: in civitate aut castello aut in aliqua curte (nicht im Hof des Bischofs selbst). Die Umgebung des Bischofs (Königs) ist befriedet. Die Strafe für den Friedensbruch ist auch nach fränkischem Reichsrecht der Königsbann von 60 solidi, der jedoch in diesem Fall nach unserer Rechtsaufzeichnung (kraft königlichem Privilegs) vom Bischof selber erhoben wurde.

Dann fährt die Stelle weiter fort:

Si quis spatam traxerit in domnica casa, hora qua ipse domnus episcopus ibi fuerit, abscidatur ei manus; quod si in alio loco traxerit et non fuerit in presencia domni, sed tamen quia ipse domnus in civitate vel curte illa fuerit, fiat battutus.

Hier ist von der Strafe des Schwertzückens die Rede. Es werden zwei Fälle unterschieden. Entweder (davon handelt der Schluß der Stelle): das Schwertzücken geschieht non in praesencia domni, aber doch in der Nähe des Herrn (ebenso wie vorhin), so kommt der Thäter mit einer Prügelstrafe ab (welche als Ersatz, und zwar als leichter Ersatz, des Königsbanns gedacht ist). Oder aber: das Schwertzücken geschah im Hause des Herrn (in domnica casa), in welchem der Bischof anwesend war. Dann gilt auch nach fränkischem Recht peinliche Strafe: das Abhauen der Hand. Alle peinlichen Strafen des fränkischen Rechts sind als bloß abgeschwächte Vollziehung der Todesstrafe gedacht[57]. Es ist klar, daß auch nach fränkischem Recht grundsätzlich auf dem Bruch des Friedens in dem Königshause, wo der König anwesend ist, Todesstrafe stand.

Also: es giebt zwei Arten des Burgfriedensbruchs, den einfachen und den schweren. Der einfache Burgfriedensbruch wird durch jedes Verbrechen begangen, welches im Hause des Königs geschehen ist, und ebenso (Quasi-Burgfriedensbruch) durch jedes

---

[57] Vgl. A. Nissl, Der Gerichtsstand des Klerus im fränkischen Reich (1886) S. 10—15.

Verbrechen, welches außerhalb des Königshauses in der Nähe des Königs vorfiel. Den Thäter trifft außer der ordentlichen Strafe (Komposition) eine öffentliche Geldstrafe, die Strafe des Königsbanns. Der schwere Burgfriedensbruch liegt dann vor, wenn das Verbrechen im Hause des Königs während der Anwesenheit des Königs begangen wurde. In diesem Fall tritt peinliche Strafe, und zwar grundsätzlich die Todesstrafe, ein.

In der Stadt ist der König (durch das Mittel des Symbols des Kreuzes) anwesend.

Welche rechtlichen, und zwar zunächst, welche strafrechtlichen Wirkungen wird dieser Umstand haben?

Es folgt aus dem Wesen des Weichbildkreuzes (der Fahne mit Handschuh, Schwert u. s. w.), daß jedes Verbrechen in der Stadt jedenfalls ein Verbrechen in der Nähe des Königs (ein Quasi-Burgfriedensbruch) ist. Daraus ergiebt sich die Strafe des Königsbannes (von 60 Schillingen), welche als Zusatzstrafe der ordentlichen Strafe hinzutritt.

Der Bannstrafe wird in den Stadtrechten häufig gedacht. Ein Blick in die Quellen genügt, um sich davon zu überzeugen. Als Beispiel diene das Privileg für Allensbach vom Jahre 1075, welches in diesem Punkt auf eine Urkunde Kaiser Ottos III zurückgeht:

> quicumque predictam monetam et mercatum infringere vel condemnare presumpserit, vel aliquem illuc venientem molestaverit, eandem penam et imperiale bannum persolvat, quod solvere debet, qui Moguntinum et Wormatiense aut Constantiense mercatum et monetam dissipare et annullare temptat. — — Similiter secundum regiam constitutionem (bannum) persolvant, qui furtum, rapinam, invasionem, lesionem, molestationem, percussionem, involationem infra terminum eiusdem oppidi facere presumpserint[58].

---

[58] Neu abgedruckt bei Aloys Schulte a. a. O. S. 168. 169.

Die Strafe des Königsbanns ist, wie diese Urkunde bezeugt, die Strafe (außer der sonst zu entrichtenden poena) für jedes Vergehen innerhalb der termini urbis (des Weichbildes) nach gemeinüblichem Recht. Das Gleiche wie in Allensbach gilt in Mainz, Worms, Konstanz. Die Urkunde bestätigt, was die oben S. 32 bereits angezogene Urkunde von Heinrich II für Worms ausspricht, daß innerhalb der Grenzen einer publica civitas (Marktstadt) von jedem Vergehen, es sei groß oder klein, das Gewedde des Königsbannes erhoben wird.

Die Bannstrafe für das Vergehen in der Stadt entspricht dem alten Volksrecht, wie es durch die Capitula Remedii, das Edikt von Rothari und andere Quellen bezeugt ist. Das Verbrechen wird, sofern die Bannstrafe eintritt, nicht als ein Vergehen im Hause des Königs, sondern nur als das Vergehen an irgend einem anderen Orte in der Nähe des Königs behandelt. Es liegt nur vor ein Verbrechen in civitate, ubi domnus ipse fuerit (Cap. Rem.), ein scandalum in eadem civitatem, ubi rex praesens est aut tunc invenitur esse (Edict. Rothari).

Die Fronung eines Grundstücks (missio in bannum) ist ein Rechtsmittel nur des fränkischen Amtsrechts (Reichsrechts), nicht des Volksrechts (Landrechts). Trotz des Königskreuzes auf dem Marktplatz ist nach Volksrecht (Landrecht) die Stadt kein Besitz des Königs und die Stadt folgeweise kein Königshof geworden. Das Verbrechen ist nur in der Nähe des Königs, nicht auch im Hofe des Königs vollbracht worden.

Auch nach Volksrecht giebt es ein Weichbildrecht. Das heißt: der Rechtssatz, daß das Zeichen des Königs (die Fahne, das Kreuz) den König selbst vertritt, ist volksrechtlichen Ursprungs, den ältesten Zeiten entstammend. Es ist also, wenn das Weichbild in der Stadt steht, auch nach Volksrecht die rechtliche Anwesenheit des Königs zweifellos, und bedarf es also der wirklichen Anwesenheit des Königs nicht. Aber nach Volksrecht giebt es keine missio in bannum. Aus diesem Grunde bedeutet das Vergehen in der Weichbildstadt nach Volksrecht (Landrecht) nur ein Vergehen in der Nähe des Königs.

Nach volksrechtlichem Weichbildrecht ist das Vergehen in der Stadt lediglich einfacher Burgfriedensbruch, genauer: Quasi-Burgfriedensbruch. Dem entspricht die Strafe des Königs-banns[59].

Anders nach Amtsrecht. Nach fränkischem ius honorarium ist durch die Aufrichtung des Königskreuzes die missio in bannum, die Besitznahme des Grundstücks durch den König, rechtsgültig vollzogen worden. Nach Amtsrecht (und nur nach Amtsrecht) ist die Stadt eine dem König gehörige Burg, eine Königsburg im vollen Sinne des Worts, nicht bloß eine anderweitige Burg, in welcher der König weilt, — und zwar die ganze Stadt bis zu ihren Weichbildgrenzen. In diesem Sinne steht das Königskreuz auf dem offenen Marktplatz im Mittelpunkt des städtischen Lebens. Es ist nicht nötig (wenngleich häufig), daß das Kreuz auch an den Grenzen des städtischen Friedensgebietes stehe. Es genügt das Kreuz auf dem Marktplatz. Die ganze Stadt mit ihrem Friedekreis ist ein einziger Markt- (und Burg-) Platz, ein einziges Grundstück, in welchem der König durch das Zeichen des Kreuzes weilt und an welchem der König durch das Mittel des Kreuzes (missio in bannum) den Eigentumsbesitz (Gewere) ergriffen hat. Nach Amtsrecht ist jedes Verbrechen in der Stadt zugleich ein Verbrechen in der Nähe und im Hause des Königs.

Nach Amtsrecht ist folglich jedes Verbrechen in der Stadt ein schwerer Burgfriedensbruch. So muß für jedes Verbrechen in der Stadt grundsätzlich peinliche Strafe (die Todesstrafe) eintreten.

Schlagen wir die Quellen auf, so sehen wir, daß eine Ent-

---

[59] In leichteren Fällen tritt auch geringere Bannstrafe ein. So ist nach dem Wormser Statut von 1024 (vgl. über die Datierung Köhne, Urspr. S. 392—394), c. 23 für den schweren Schlag in civitate das Gewedde von 60 sol. (vgl. oben Anm. 50), für den leichten Schlag, quod bluathram vocant, nur ein Gewedde von 5 sol. (das Grafengewedde des fränkischen Rechts) zu zahlen.

wickelung stattgefunden hat. Im 10. und 11. Jahrhundert beschränkt die Wirkung des Stadtfriedens sich grundsätzlich auf die Strafe des Königsbanns. Nach dem Privileg für Allensbach wird auch für laesio, molestatio, percussio, furtum, rapina außer der ordentlichen Buße als öffentliche Strafe nur der Königsbann gezahlt. Seit dem 12. Jahrhundert tritt aber die peinliche Strafe in den Vordergrund, insbesondere die Todesstrafe und die Strafe des Handabhauens. Einen Beleg giebt das Privileg Herzog Konrads von Zähringen für die Stadt Freiburg im Breisgau (um 1140) c. 8:

Si quis infra urbem pacem urbis infregerit, id est si aliquem sanguinolentum irato animo et serio fecerit, si convictus fuerit, manu truncabitur, si vero occiderit, decollabitur[60].

Ebenso das Privileg von Medebach vom Jahre 1165, welches gewissermaßen den Übergang zum neuen Recht veranschaulicht: die peinliche Strafe tritt nur ein, wenn das Verbrechen innerhalb des Stadtgrabens (der Befestigung) begangen ist; innerhalb des übrigen Weichbildes gilt noch die alte Strafe des Königsbanns:

Medebacher Priv. § 5: Qui infra fossam vestram hominem vulneraverit acuto ferro — si vulneratus moritur, ille decollabitur, si vero evaserit vulneratus, ille, qui eum vulneraverit, dextra manu truncabitur. § 8: Qui extra fossam vestram hominem occiderit infra bannum, quem nos paci nostre addiximus (Weichbild), sexaginta solidos vadiabit advocato et 10 solidos civibus[61].

Man vergleiche ferner die Keure der Stadt Nieuport vom Jahre 1163 (Warnkönig, Flandrische Rechtsgeschichte II 2 87):

c. 1: Ut si quis aliquem occiderit caput det pro capite —.
c. 2: Si quis vulnus in nocte acceptum alii imputaverit, si sca-

---

[60] Ausgabe von Heinrich Maurer in der Zeitschr. f. Gesch. des Oberrheins, N. F. Bd. 1 (1886), S. 193 ff.

[61] Gengler, Deutsche Stadtr. S. 283.

binis dignum videatur, ferro candenti se excusabit accusatus;
si arsus fuerit, manum perdat.

Keure von Poperinghen, um 1147 (Warnfönig a. a. O.
S. 111):

c. 7: Si quis aliquem occiderit, occidetur. c. 9: Si alicui
imponatur, quod aliquem vulneraverit et cora eum non libera-
verit, sed vulnus iudicaverit, ignitum iudicium subibit: quod
si inciderit, manum amittet et 3 libras emendabit (also
außer der peinlichen Strafe noch die Strafe des Königsbanns).

Die Strafe der Talion hat die Keure von St. Omer vom
Jahre 1127 (Warnfönig a. a. O. I 30):

c. 20: secundum quantitatem facti punietur, scilicet oculum
pro oculo, dentem pro dente, caput pro capite reddat.

Ähnlich das alte Schweriner Stadtrecht aus dem 12. Jahrhundert:

c. 1: Pro capite capud. c. 2: Pro manu manus. c. 3: Quod
si vulneratur aliquis ad profunditatem unguuis vel articuli,
dampnificatur reus in 60 solidis, qui in partem cedent regie
potestatis, et satisfaciet pacienti in 24 solidis. Für die Fleisch-
wunde (c. 3) ift hier die Strafe des Königsbanns festgehalten;
für die anderen Fälle (c. 1. 2) peinliche Strafe, Talionsstrafe
angedroht [62].

Aus dem 13. Jahrhundert und der Folgezeit find die peinlichen Strafdrohungen zahllos. Es mag genügen, die Urkunde
Friedrichs II für Worms vom Jahre 1220 anzuführen:

precipimus, quod si quis intra terminum huius pacis
aliquem blasphemaverit — ei, quem verbis male tractavit,
20 solidos et iudicibus civitatis 10 componat — et si pro sua

---

[62] Ausgabe von Böhlau in der Zeitschr. f. Rechtsgeschichte Bd. 9. S.
281 ff. — Andere Belege für die Talionsstrafe z. B. im Passauer Privileg
von 1225 § 9. 10, Rechtsbrief für Holzminden von 1245 § 7, für Bodenwerder
von 1287 § 7 (Gengler, Deutsche Stadtr. S. 345. 206. 28). — Nach den
österreichischen Städten wurde die Strafe der Talion aus Flandern übertragen,
vgl. Tomaschek, Deutsches Recht in Österreich (1859) S. 82.

paupertate persolvere non poterit, verberatus et tonsus
de civitate eiiciatur, nunquam reversurus. Si quis autem
aliquem depilaverit vel verberibus afflixerit aut vulneribus
plagaverit, reus pacis habeatur et manu proscripta
truncetur. Si quis autem aliquem occiderit et de homicidio
convictus fuerit, iugulus eius proscribatur. Si quis vero
alicui bona sua contra iusticiam abstulerit aut aliquem intra
atrium sue mansionis inviolenter invaserit, reus pacis habeatur. — — Termini autem huius pacis protendantur ad ulteriores fines vinearum et usque ad hortos Meze-
lini et ad fines communis pascue burgensium et ad ripam
Primme, ubi influit in Rhenum (Vergrößerung des Weichbildes).
Si quis autem burgensium extra civitatem alium burgensem
persequens in aliquo tocius imperii loco contra statuta huius
pacis inquietando invaserit, habeatur pacis violator, ac
si infra civitatem idem fecisset. (Boos, Wormser
U.=B. Bd. I Nr. 124).

Die peinliche Strafe bedeutet die Vollendung des Weichbild-
rechts. Das Verbrechen wird als ein Verbrechen in der Nähe des
Königs und zugleich in der Burg des Königs behandelt.
Was die Landfriedensgesetzgebung für das Landrecht, das hat die
Weichbildrechtsentwickelung für das Stadtrecht herbeigeführt: die
Erzeugung eines öffentlichen peinlichen Strafrechts. Die peinliche Strafe für das (schwerere) Verbrechen innerhalb des städtischen
„Friedensbezirks" stellt klar, daß nunmehr auch für das Strafrecht die Stadt (der Marktplatz) zu einer Burg des Königs ge-
worden ist. Das amtsrechtliche Weichbildrecht hat den Sieg davon
getragen. Das Gebiet (Weichbild) der Stadt bedeutet rechtlich ein
Gebiet des Burgfriedens. Das Verbrechen in der Stadt ist, weil
zugleich der König als anwesend gilt, schwerer Burgfriedensbruch.

Von Waitz und Schröder ist die Ansicht ausgesprochen
worden [63], daß die Entwickelung des städtischen Friedensrechts von

---

[63] Vgl. Waitz, Verf.=Gesch. Bd. 7 S. 379. Schröder, Rolandssäulen
S. 35.

dem Recht der Kaufleute seinen Ausgang genommen habe. Den
Kaufleuten, welche zum Markte reisen, wird wiederholt in Königs-
urkunden Schutz und Friede zugesichert; von den Kaufleuten sei
dann dieser Friede auf den Kaufplatz, die Stadt, ausgedehnt worden.
So würde sich also der Stadtfrieden als eine Fortentwickelung
des Friedens der Kaufleute darstellen.

Es scheint, daß die entgegengesetzte Auffassung die richtige ist.

Nicht bloß wer in der Nähe des Königs ist, sondern auch wer
zum König reist, steht unter dem Königsfrieden [64].

Lex Alam. 29, 2: Ut nullus praesumat hominem de duci
venientem aut ad illum ambulantem in itinere in-
quietare —; et si praesumpserit — semper tripliciter eum conponat.

Edictus Rothari c. 18: Si quis ex adversariis manum arma-
tam super quemcunque ad regem venientem iniecerit —
noningentos solidus sit culpabilis, medietatem regi et medietatem cui iniuria inlata fuerit.

Capitulatio de partibus Saxonie c. 26 (Boretius, Capp. I,
p. 70): Ut nulli hominum contradicere viam ad nos veniendo
pro iustitia reclamandi aliquis praesumat; et si aliquis hoc
facere conaverit, nostrum bannum persolvat.

Wer zu dem Marktplatz (der Stadt) reist, der reist zum König,
denn in der Stadt ist der König durch das Mittel des Weichbildes
anwesend. Der Friede, dessen die Kaufleute auf der Reise zum
Markt genießen, ist eine Folge des Marktfriedens (Burgfriedens),
nicht umgekehrt, d. h. er ist eine Folge des auf der Stadt (als
dem Marktplatz) ruhenden Königsfriedens. Die Verletzung
der zur Stadt reisenden Kaufleute erscheint daher unter dem
Gesichtspunkt der Majestätsbeleidigung [65]:

Hagenauer Privileg von 1164 § 10 (Gaupp, Deutsche Stadt-

---

[64] Vgl. Wilda, Strafr. S. 260.

[65] Vgl. Osenbrüggen, Studien zur deutschen und schweizerischen Rechtsgeschichte (1868) S. 32.

rechte S. 96): Omnibus predicti loci forum petentibus eundo vel redeundo infra miliaria tria circumquaque, tam personis propriis quam rebus suis, imperiali maiestate pacem firmam indicimus, et si quis temere infringere presumpserit, reus sit maiestatis.

Friedrich II für Frankfurt a. M., vom Jahre 1240 (Böhmer, Codex diplom. Moenofrancofurtanus I, p. 68): nos universos et singulos ad nundinas aput Frankenfurth venientes sub nostra et imperii protectione recipimus speciali. Mandantes, quatinus nullus sit, qui eos in eundo et redeundo ab eisdem nundinis molestare in aliquo vel inpedire presumat. Quod qui presumpserit indignacionem nostri culminis se noverit incursurum.

Das Zeichen, welches die Stadt zur Königsburg machte und ihr den Burgfrieden gab, war, wie schon oft hervorgehoben wurde, in der großen Mehrzahl der Fälle ein Kreuz. Das Zeichen des Kreuzes ist schon im Mittelalter häufig geistlich als das Kreuz Christi gedeutet worden. Jene Erzählung des Magdeburger Rechtsbuchs von der Gerichtsverfassung (aus dem 13. Jahrhundert), welche bereits oben S. 29 mitgeteilt wurde, bezeichnet den Stadtfrieden als „Sankt Peters Frieden":

do wart in sente Peters frede gewurcht obir von gotis halben mit einem kreucze.

Die Stelle selbst macht klar, daß es das Symbol des Kreuzes ist, welches zu dieser Deutung Anlaß gab. Der gleichen Anschauung begegnen wir vielfach. Das Stadtkreuz zu Frouard (nördlich von Nancy) zeigt auf der einen Seite ein Christusbild [66]. Ein Echternacher Weistum deutet die an dem Marktkreuz abgebildete Hand (den Handschuh des Königs) als „Gottes Hand" [67]. In dem Leobschützer Privileg von 1270 lesen wir:

---

[66] Schröder, Rolandsfäulen S. 8.
[67] Schröder, Rolandsfäulen S. 10; vgl. S. 31 Anm. 1.

§ 10: Primo quidem si quis pacem dei et domini regis
et ipsius civitatis violando quenquam vulneraverit — [68].

Der Friede der Stadt wird zugleich als Königsfriede, Stadtfriede und als Gottesfriede bezeichnet. Es hängt damit zusammen, daß der alltägliche Bruch des Stadtfriedens durch Prügelei
(Blau und Blut, im Gegensatz zu der Verwundung durch scharfe
Waffen) schon seit dem 12. Jahrhundert technisch den Namen
„Gottesfrieden" (d. h. Bruch des Gottesfriedens) führt. Eine der
ältesten hierher gehörigen Stellen findet sich in dem oben S. 41
bereits angezogenen Medebacher Privileg:

§ 6. Qui autem pugno vel baculo aliquem percusserit, quod
sanguis erumpsit, si veraces homines sunt, qui dicunt eum esse
reum, virgis verberabitur et crines eius abradentur, quia
pacem dei violavit.

Zahlreiche Stellen aus Stadtrechten, wo das bezeichnete Vergehen
technisch pax dei genannt wird, sind bereits von Nitzsch und
Frensdorff gesammelt worden [69]. Daß jedoch dieser „Gottesfriede"
(gegen die Ansicht von Nitzsch und Frensdorff) mit dem von
der Kirche verkündeten Gottesfrieden nichts gemein hat, ergiebt
sich aus dem vorigen von selbst. Ganz geradeso wie in dem vorhin angezogenen Leobschützer Privileg von „Gottesfrieden und
Königsfrieden und Stadtfrieden" die Rede ist, geradeso heißt es
in dem von Nitzsch angezogenen Erfurter Weistum von 1289
stehend mit doppeltem Ausdruck „Gottesfriede und Burgfriede".
Der erste Artikel des Erfurter Weistums lautet: von deme gotes-
vride unde von deme burcvride. Nieman sal den anderen be-
clagen umme bakkenslege oder umbe scheltwort oder umbe
rouffen in deme gotisvride und in deme burcvriede,
ez en si blutrunst oder heimsueche oder totslac oder knuttiln mit
bedahtem mute. Hier ist ganz klar, daß der Gottesfriede mit dem

---

[68] Gengler, Deutsche Stadtr. S. 247.
[69] Nitzsch in den Forschungen zur Deutschen Geschichte, Bd. 21 (1881)
S. 277. 278. Frensdorff, Dortmunder Statuten und Urteile (1882) S.
LIV. Anm. 8.

Stabtfrieben genau das nämliche bedeutet und daß mit dem Aus-
brud „Gottesfriede" gerade wie mit dem anderen „Burgfriede"
nichts anderes als das Weichbild der Stadt gemeint ist. Die end-
gültige Entscheidung giebt das Privileg für Beaumont vom Jahre
1182:

> c. 39: Si quis burgensis Bellimontis forum eiusdem
> villae infregerit, centum solidos solvat, maiori 12 denarios
> et iuratis 12 denarios, verberato 10 solidos, et si vulneratus
> fuerit 20 solidos; domino vero reliquos. c. 40: Si etiam ex-
> traneus forum infregerit, 60 solidos solvet, maiori 12
> denarios, iuratis 12 denarios, flagellato 18 solidos, domino
> autem reliquos. c. 41: Si quis burgensis eiusdem villae homi-
> nem extraneum verberaverit, 40 sol. solvet[70].

Was in den von Nitzsch und Frensdorff angezogenen
Stellen „Gottesfriede" genannt wird (Blau und Blut), das heißt
hier mit technischem Ausdruck forum infrangere, Bruch des Marktfriedens. Die Schlägerei stellt den Bruch des Marktfriedens, des
durch das Kreuz ausgedrückten Friedens, des „Gottesfriedens" dar.
Gottesfriede ist in dem angezogenen Zeugnisse nur ein anderer
Name für den Marktfrieden, d. h. für den Stadtfrieden. Weil das
Kreuz das Zeichen für den Stadtfrieden darstellt, ist der Stadtfriede auch „St. Petersfriede" oder „Gottesfriede" genannt worden.

Wohl mochte es vorkommen, daß der Stadtfriede auch durch
die geistliche Gewalt bestätigt und bekräftigt wurde. Waitz[71]
macht auf eine Nachricht zum Jahre 996 aufmerksam, nach welcher
der Bischof civitatem Halberstat, quam invenit ex antiquitate
collapsam, renovare coepit — atque — circueundo aspersit et
benedixit et suo banno civitati pacem et immunitate insolubili locum
sanctum firmavit. Hier ist ganz deutlich eine geistliche Hand-
lung beschrieben, welche den Frieden der Stadt durch kirchlichen

---

[70] Ed. Bonvalot, Le tiers état d'après la charte de Beaumont et
ses filiales (Paris 1884) p. 105. 106.

[71] Verfassungsgeschichte Bd. 7 S. 379 Anm. 3.

Bann zu sichern bestimmt ist. Trotzdem ist ein Vorgang dieser Art nur von nebensächlicher Bedeutung. Wesen und Rechtskraft des Stadtfriedens sind nicht durch irgend welchen kirchlichen Frieden, sondern allein durch den auf die Stadt übertragenen Königsfrieden, den königlichen Burgfrieden gegeben.

III.

Das Stadtgericht.

———

Der befriedete Ort ist nach deutschem Recht als solcher zugleich ein Asyl. Er schützt gegen jede Gewaltthat, nicht nur gegen
die unrechtmäßige, sondern auch gegen die rechtmäßige.
Aus diesem Grunde ist und heißt der befriedete Ort als solcher
auch ein befreiter Ort, eine „Freiheit". Seine Freiheit besteht
in der Befreiung von Gewalt, auch von der rechtmäßigen
Gewalt, folgeweise auch von der Gewalt der Obrigkeit. Nur
in gewissen Grenzen und unter gewissen Voraussetzungen kann
innerhalb des Asyls Gewalt geübt werden. Die beiden Sätze,
daß das an dem gefreiten Ort begangene Verbrechen besonders
schwer gestraft wird, und der andere, daß der gefreite Ort gegen
die Folgen des außerhalb der „Freiheit" begangenen Verbrechens,
überhaupt gegen die außerhalb des gefreiten Orts wirksamen
Mächte in gewissem Maße schützt, stehen miteinander in untrennbarem Zusammenhang. Der Grund liegt in dem Rechtszustand
einer grauen Urzeit, welche auch die Verfolgung des Verbrechens
und die Vollstreckung einer Verbindlichkeit nur in der Form
der Gewaltthat, der Rache, der eigenmächtigen Pfändung
kannte. Aus der Racheübung ist die obrigkeitliche Strafvollstreckung, aus der eigenmächtigen Pfändung die obrigkeitliche Pfändung hervorgegangen. Die gleichen Schranken durch das Asyl

sind deshalb wie der eigenmächtigen Gewaltthat, so auch der obrig-
keitlichen Vollstreckung geblieben. Innerhalb des befriedeten Ortes
soll keinerlei Gewaltthat begangen werden, auch nicht die obrigkeitliche Vollstreckung. Eine Ausnahme bildet nur der Fall, wo das zu
strafende Verbrechen innerhalb des befriedeten Ortes selber begangen, die zu vollstreckende Verbindlichkeit innerhalb des befriedeten Ortes selber übernommen worden ist. Der Frieden des
Ortes darf denjenigen nicht schützen, welcher diesem Frieden selber
zuwiderhandelt.

Wie die Königsburg befriedet, so ist sie darum auch befreit.
Der Burgfriede schließt die Burgfreiheit in sich[72]. Die Stadt
(der Marktplatz) ist eine Königsburg. Der Stadtfriede bedeutet
zugleich die Stadtfreiheit (der Marktfriede die Marktfreiheit).
Das „Friedekreuz" (das Weichbild) ist zugleich ein „Kreuz der
Freiheit"[73]. Die Stadt ist kraft ihres Weichbildrechtes ein Asyl.
Das Wesen der Stadt, ihr Burgfriede, kommt in dem Asylrecht
der Stadt zum Ausdruck. Feierlich eröffnet sich das erste Straßburger Stadtrecht (nach 1129) mit den Worten:

A d   f o r m a m   a l i a r u m   c i v i t a t u m   in   eo   honore   condita
est   Argentina,   ut   omnis   homo   tam   extraneus   quam   indigena
p a c e m   i n   e a   o m n i   t e m p o r e   e t   a b   o m n i b u s   h a b e a t[74].

Gemeint ist mit dem „Frieden zu jeder Zeit und gegen jedermann" an erster Stelle das Asylrecht der Stadt. Der unmittelbare Fortgang der Stelle lautet:

Si   quis   foris   peccaverit   et   ob   culpe   metum   in   eam   fugerit,

---

[72] Vgl. Wilda, Strafr. S. 259. Auf das Asylrecht des Königshofes
deutet auch das Capit. de discipl. palatii (um 820, c. 3, Boretius, Capp. I
p. 298): ut nullus de his, qui nobis in nostro palatio deserviunt, aliquem
hominem propter furtum aut aliquod homicidium vel adulterium vel
aliud aliquod crimen ab ipso perpetratum et propter hoc ad
palatium nostrum venientem atque latitare volentem reci-
pere praesumat.

[73] Vgl. die zahlreichen Belege für diese Bezeichnung bei Bonvalot, Le
tiers état p. 290 suiv. Schröder, Rolandssäulen S. 7. 8.

[74] Urkundenbuch der Stadt Straßburg Bd. 1 (1879) S. 467.

securus in ea maneat, nullus violenter in eum
manum mittat.

In dem Asylrecht der Stadt besteht ihre „Ehre", ihre Freiheit, durch welche sie den anderen Städten gleichkommt. Das
Asylrecht ist gemeines Weichbildrecht.

Zugleich ist zweifellos, daß das Asylrecht gemeines Marktrecht ist. Zahlreiche Stellen geben dieser „Freiheit" des Marktes
Ausdruck. Einige Zeugnisse mögen als Beispiele dienen:

Marktrecht zu Zülpich (Grimm, Weistümer VI 680) § 2:
so we da enbinnen in freien mart kombt, hett hei alle
missdaet gethan, die mensche ie gedede, an den
ensall man nit greifen, as lange as die freiheit
wert, id enwere dan sache, dat sich ieman dae enbinnen verwuirde.

Urkunde Erzbischof Walrams von Köln vom Jahre 1332 für
Andernach (Günther, Codex diplom. Rheno-Mosellanus, Bd. 3,
Abt. 1, Nr. 187): volentes et plene concedentes, ut omnes et
singuli ad ipsas nundinas annis singulis venientes per novem dies
ante et per novem dies post libertate omnimoda fruantur,
sic quod nullus alium in ipsis novem diebus ante et post sic
statutis in dicto nostro opido Andernacensi in rebus et cor-
pore suo arrestare vel impetere valeat ullo modo,
illis duntaxat exceptis, qui nostri dictorumque nostrorum opi-
danorum sunt inimici —.

Privileg für Haltern vom Jahre 1288 § 5 (Gengler,
Deutsche Stadtr. S. 178): Diem etiam fori feria tertia cuiuslibet hebdomade instituimus et de anno in annum sine ob-
ligatione seu arrestatione cuiuscunque in eodem
opido volumus et statuimus perpetuo observari.

Privileg für Lippstadt von 1244 § 5 (Gengler a. a. O.
S. 255): quod foro annuali duobus diebus ante et post iudicii
rigore nullus hominum astringitur, nisi in recenti
aliquid emergat, vel quis exterminatus deprehendatur.
Eodem modo tres dies in hebdomada — libere sunt concesse.

Privileg für Bodenwerder vom Jahre 1287 § 27 (Gengler
a. a. O. S. 29): Dominica post Bartholomei et post Galli
omnibus liberum forum erit usque in nonam horam tertie
diei, nisi fori violaverit libertatem; quod qui fecerit,
mortis sentencie subiacebit.

Privileg für Lechnich (im Kölnischen) von 1279 § 25 (Gengler a. a. O. S. 244): Item quod nundine sint apud Lechnich —
et volumus, quod ita libere sint nundine predicte, quod nullus
ibidem veniens illis tribus diebus possit occupari,
arrestari vel aliquo modo molestari, nisi excedat
in foro diebus predictis per homicidium vel furtum
vel per alios excessus emenda dignos.

Privileg für Allendorf vom Jahre 1370 (Gengler, Codex
Iuris municipalis I 19): also wer zu dem marckt kommt,
der da kauffen oder verkauffen will, der soll von dem
Mittwochen — bis zu dem Donnerstaig — in der egenannte
Stadt vor Schulde und vor Burge allen Kummers und
aller Uffenthaltung frey sein, es wer dann das ymant
die Freyheyt brech und das freventlich verwarlosset.

Während der Markttage gilt die Marktfreiheit. Jedermann,
welcher am Markte teilnimmt oder zum Zweck des Marktbesuches
herbeikommt (der da kauffen oder verkauffen will), genießt während der Markttage (sowie einige Tage vorher und nachher) der
Freiheit von peinlicher und von bürgerlicher Vollstreckung, es wäre
denn, daß er selber „den Marktfrieden bräche", sich „innerhalb
des Marktfriedens verwirkte".

Die Stadtfreiheit geht aus der Marktfreiheit hervor. Die
Stadt ist ein immerwährender Marktplatz. Nur daß die Marktfreiheit während der wirklichen Markttage in der Stadt sich noch
steigert, insofern während der Markttage auch wegen der in der
Stadt begangenen Vergehen und wegen der in der Stadt über-
nommenen Schulden keinerlei Vollstreckung möglich ist, sondern nur
wegen der Vergehen und Schulden, welche unmittelbar im Marktverkehr zur Entstehung gelangt sind. Im übrigen aber können

wir die in den obigen Zeugnissen (deren Zahl sich sehr leicht noch erheblich vermehren ließe) dargelegten Rechtssätze des Marktrechts unmittelbar als Rechtssätze auch des Stadtrechts ansehen. Auch in der Stadt giebt es grundsätzlich keine unmittelbare Vollstreckung wegen der Verbrechen, welche außerhalb der Stadt begangen wurden, noch wegen der Schulden, welche außerhalb der Stadt übernommen wurden. Derjenige, dessen Schuldner (das Wort im weitesten Sinne genommen, so daß es auch den wegen Verbrechens Verfolgten einschließt) am Marktverkehr teilnimmt, muß mit der Verfolgung warten bis zur Beendigung des Marktes. Derjenige, dessen Schuldner in die Stadt entwichen ist, muß mit seiner Verfolgung warten, bis der Schuldner außerhalb des Stadtfriedens sich befindet. Innerhalb des Stadtfriedens kann der Schuldner nur durch das Mittel des Stadtgerichts (wie der am Marktverkehr Teilnehmende nur durch das Mittel des Marktgerichts) und nur nach Maßgabe des Stadtrechts (Marktrechts, Asylrechts) in Anspruch genommen werden, sofern nicht das Stadtrecht selber die Zuständigkeit eines anderen Gerichts anerkennt. Gegen denjenigen, welcher der Stadt angehört, den Bürger, giebt es grundsätzlich immer nur vor dem Stadtgericht und immer nur nach Maßgabe des Stadtrechts (Marktrechts) die Möglichkeit der Klage.

Das Asylrecht schließt ein Recht der Gerichtsbarkeit in sich. Jedes Asyl hat seinen Herrn, den Eigentümer des Asylortes, der Freistatt. Ohne Willen des Herrn der Freistatt darf innerhalb der Freistatt keine Gewalt geübt werden. So muß jeder, welcher die Verfolgung eines in der Freistatt Befindlichen beabsichtigt, sich an den Herrn der Freistatt wenden, damit dieser die nach Maßgabe des Rechts der Freistatt zulässige Art der Verfolgung gestatte.

Der Ort des Marktverkehrs ist eine Freistatt. So erzeugt der Marktverkehr notwendig sein besonderes Marktgericht, auf die Dauer der Markttage von dem Marktrichter mit den Marktgenossen abgehalten [75].

---

[75] Der Marktrichter und das Marktgericht begegnen schon in der fränkischen Zeit, vgl. Adrevaldi Miracula s. Benedicti, unter Karl dem Kahlen,

Die Stadt ist ein Ort dauernden Marktverkehrs, eine dauernde
Freistatt. So erzeugt das städtische Asylrecht notwendig ein besonderes Stadtgericht, ständig vom Stadtrichter mit den Bürgern abgehalten. Nur das Stadtgericht (das Gericht der
Freistatt) ist das für den Bürger als solchen zuständige
Gericht[76]. Das Wesen der Stadt als Asyl schließt ihre Befreiung vom Landgericht in sich (in den Grenzen, welche
aus dem Recht der Freistatt, dem Stadtrecht, sich ergeben).

Wer ist der Stadtrichter? Wer sind die Genossen und Urteilfinder des Stadtgerichts?

Die Freiheit des Marktes und der Stadt ist der Immunität
nächst verwandt.

Auch die Immunität ist aus dem Asylrecht hervorgegangen.
Sie hat das Asylrecht des Königshofes zur Grundlage. Das

---

c. 20 (Bolland 21. März p. 313): bei Alt=Fleury wird Jahrmarkt gehalten,
duo compares locum adeunt mercandi gratia, beide haben gemeinsam Ware
verkauft, der eine hat das Geld eingenommen (12 Denare), weigert aber dem
anderen die Auszahlung seines Anteils; contentione oborta, iudex fori,
E. vocabulo, accurrit, cumque litem dirimere vellet, atque ille, qui
pretium habuerat, compari se reddidisse modis omnibus affirmaret, nec
dictis eius fides adhiberetur (seitens des Marktgerichts), necessitate
compulsus, dexteram contra basilicam extendens, cum furore iura-
mentum protulit. Es ist klar, daß auf der Stelle über die Marktsache
Marktgericht gehalten wird. Durch Urteil des Marktgerichts ist der Beklagte
zur Leistung des Reinigungseides genötigt.

[76] Vgl. das Privileg für Radolfzell von 1100 (Schulte a. a. O. S. 141):
hoc eciam constituimus, ut idem forum sub nullo districtu con-
staret (der Markt ist von auswärtiger Gerichtsbarkeit befreit, vgl. Schulte
a. a. O. S. 144. 145), sed iusticiam et libertatem Constanciensem, quae ius
fori est, semper obtineret; wenn famuli predicte ecclesie auf dem Markt zu
Radolfzell kaufen und verkaufen, nulli iudicum (keinem auswärtigen Richter,
sondern nur dem Marktrichter) de empcione, de vendicione pro iure fori
respondeant. Die Befreiung des Marktes als solchen von anderer Gerichtsbarkeit wird hier, bereits um das Jahr 1100, als das ius fori schlechtweg bezeichnet. Es war das gemeines Marktrecht (Stadtrecht), welches z. B.
in Konstanz schon von alters her geradeso galt wie nunmehr in Radolfzell.
Andere Belege aus dem 12. Jahrhundert hat z. B. schon Arnold, Freistädte
Bd. 1, S. 133 ff. gesammelt.

Königshaus ist, weil ein Ort des Friedens, zugleich ein Ort der „Freiheit". An der Freiheit des Königshauses nimmt auch der Grundbesitz des Königs einen, wenngleich beschränkten, Anteil. Das offen, uneingehegt liegende Königsgut ist keine Freistatt, steht nicht unter dem Burgfrieden. Dennoch bewirkt die Freiheit des Königshofes (welcher ja den Mittelpunkt des königlichen Grundbesitzes bildet), daß die gesamte vom Königshof aus geführte Gutsverwaltung der öffentlichen Gewalt gegenüber gefreit (immun) ist. Wie im Königshof keine Gewalt geübt werden darf ohne Genehmigung des Herrn, so ist auch gegen die Hintersassen auf dem Königsgute, welche der Verwaltung des Königshofes unterstehen, jede Gewaltübung ohne Genehmigung der Fronhofsverwaltung ausgeschlossen [77]. An jedem Verfahren gegen die Hintersassen ist die Fronhofsverwaltung (wegen der Leistungen der Hintersassen an den Hof) interessiert. Es gilt, die Prästationsfähigkeit der Hintersassen zu erhalten. Alle geldwerten Leistungen der Hintersassen, auch die öffentlichen Bußen (Friedensgelder) und folgeweise die stets mit Bußerhebung verbundene Schuldvollstreckung nimmt die königliche Gutsverwaltung für sich in Anspruch. Die Freiheit des Königshofes bewirkt die Befreiung der fiskalischen Verwaltung (auch die öffentlichen Bußen werden als Teil der Einkünfte und die Schuldvollstreckung als Teil der fiskalischen Administration behandelt) von jeder Beeinträchtigung durch die öffentliche Gewalt. In diesem Sinne schließt die Immunität des Königsguts sowohl die Befreiung ab introitu iudicum wie die Befreiung von fremder Gelderhebung innerhalb des immunen Bezirks in sich. Das letztere ist jedoch das Grundlegende.

---

[77] Der Fremde, welcher in die Immunität flieht, ist dagegen ohne weiteres dem Grafen auszuliefern (widrigenfalls bringt der Graf in den Immunitätsbezirk ein), denn die Immunität ist als solche kein Asyl, vgl. z. B. Capit. legib. addit. a. 803 c. 2 (Boretius, Capp. I p. 113). Dagegen heißt es ebenda c. 3 von demjenigen, welcher in die Kirche oder auch nur in atrium ecclesiae geflohen ist, pacem habeat, — et nullus eum per vim abstrahere praesumat, sed liceat ei confiteri, quod fecit, et inde per manus bonorum hominum ad discussionem in publico perducatur.

Die Befreiung des Königsgutes (die Immunität im technischen
Sinn) bedeutet grundsätzlich nicht Burgfriedensrecht noch Asylrecht, sondern nur ein bevorzugtes Recht der Abgabenerhebung,
der fiskalischen Administration. Alles andere, die Befreiung von
obrigkeitlicher Exekutivgewalt, die Stärkung der eigenen grundherrlichen Gerichtsgewalt stellt sich nur als mittelbare Folge dar.

Die Kirche und das kirchliche Gebäude ist gleichfalls wie befriedet so asylberechtigt. Das Haus im Eigentum des Heiligen
steht dem Haus im Eigentum des Königs gleich. So ist denn auch
die Immunität des Königsgutes durch königliche Privilegien dem
Kirchengut gewährt worden.

Die Immunität im technischen Sinn, das befreite Gut des
Königs, der Kirche, ist, weil keine Freistatt, als solche von der
öffentlichen Gerichtsverfassung grundsätzlich nicht ausgenommen.
Von öffentlichen Rechts wegen untersteht auch der Hintersasse des
Immunitätsbezirks in allen Rechtssachen dem öffentlichen Gericht [78]. Nur daß die Vollstreckung des öffentlichen Gerichts-
urteils gegen den Hintersassen der Mitwirkung seitens der gefreiten
Gutsverwaltung bedarf, und daß die thatsächlichen Machtver-
hältnisse dem Kläger in der Regel ratsam machen, zunächst den
Hintersassen bei dem Gutsherrn, im privaten grundherrlichen Gericht, in Anspruch zu nehmen. Das Gericht des Grundherrn bleibt
trotz der Immunität ein Privatgericht, welches dem Organis-
mus der öffentlichen Gerichtsverfassung unbekannt ist und daher
auch die Kompetenz des öffentlichen Gerichts nicht mindert. Von
öffentlichen Rechts wegen bleibt das öffentliche Gericht auch für
den Immunitätseingesessenen zuständig.

Dagegen ist das Haus des Königs und ebenso das kirchliche
Gebäude, das Haus des Heiligen, eine Freistatt, befriedet und
gefreit, und deshalb von öffentlichen Rechts wegen von der
Gewalt des öffentlichen Gerichts ausgenommen. Auch diese

---

[78] Vgl. G. Meyer, Die Gerichtsbarkeit über Unfreie und Hintersassen
nach ältestem Recht, Zeitschr. d. Savigny-Stiftung, Germ. Abt., Bd. 3, S. 107 ff.

Freiheit wird im Mittelalter Immunität genannt, zum Zeichen dessen, daß die Immunität des Kirchen- und Königsgutes von der Freiung des Kirchen- und Königshauses seinen Ausgang genommen hat, nur eine Ausstrahlung derselben darstellt [79].

Auch der Markt ist eine Immunität. Es fragt sich: welcher Art? Genießt der Marktplatz, die Stadt, die Immunität des Königsgutes oder die stärkere Immunität des Königshauses? Die Frage ist durch das Vorige bereits beantwortet. Der Markt, die Stadt ist ein Asyl. Die Stadt steht der Burg des Königs gleich.

[79] Nach der bekannten Urkunde Ludwigs d. Fr. für Aniane v. J. 822 (Bouquet VI, p. 526) soll die hohe Buße von 600 solidi für Bruch der Immunität nur zu Gunsten des claustrum monasterii, der ecclesiae, der atria ecclesiarum und für alles eingehegte Kirchengut gelten; für das offenliegende Kirchengut gilt der Satz, daß non tamen in hoc immunitas fracta iudicanda est. Hier ist Immunität als gleichbedeutend mit dem Asylort genommen, und hat schon Heusler, Urspr. der Stadtverf. S. 21 ff., unter Hinweis auf diese Urkunde, auf den Zusammenhang der Immunität im technischen Sinne mit dem Asylrecht hingewiesen. Mit jener Urkunde für Aniane ist aus dem 12. Jahrhundert das Reichsweistum v. J. 1173 (Pertz, Legg. II, p. 142. 143) zu vergleichen: die Kleriker der Mainzer Kirche behaupteten, daß sie talem in emunitatibus suis libertatem optinuissent, quod omnia mobilia sua quolibet tempore cui vellent possent donare; es wird entschieden, ut mobilia sua que infra emunitatem habuerint — pro arbitrio suo inter vivos seu in ultima voluntate donandi liberam habeant facultatem. Es wird keinen Zweifel leiden, daß hier diejenigen beweglichen Sachen gemeint sind, welche der Kleriker innerhalb des claustrum, innerhalb des kirchlichen Wohngebäudes der Stiftsgeistlichkeit hat. Das kirchliche Haus (die Freistatt) heißt hier, wie in Aniane, technisch Immunität. Nach deutschem Recht ist die Verfügungsgewalt auf dem Totenbette auch in Bezug auf bewegliche Sachen eine beschränkte. In Worms galt, wenigstens nach Ansicht der Wormser Schöffen, nur eine Verfügung bis zu 5 solidi (vgl. Köhne, Urspr. S. 251), in Mainz galt die Beschränkung auf die in der Wohnung (dem claustrum) befindlichen beweglichen Sachen, und ward hier, anders als in Worms (vgl. Köhne a. a. O.), diese Beschränkung auch von seiten der Geistlichkeit anerkannt. Für den Mainzer Sprachgebrauch dient zur Bestätigung, daß in Mainz der Platz vor der Kirche (das atrium ecclesiae) noch im 13. Jahrhundert im Volksmunde den Namen „Muntat" d. h. Immunität führte; vgl. Hegel, Die Chroniken der deutschen Städte, Bd. 18 (1882), S. 65. In Mainz war der Ausdruck Immunität für die Orte des kirchlichen Asylrechts gemeinüblich.

Sie genießt den Burgfrieden. So ergiebt sich, daß die Immunität der Stadt der Immunität des Königshauses gleichkommt.
Sie bedeutet einen bloßen, und zwar den wichtigsten Anwendungs-
fall derselben. Dadurch ist Gegensatz des städtischen Weichbildes
gegen das Gebiet der Immunität (im technischen Sinne) gegeben.
Das Stadtgebiet (Weichbild) ist kraft öffentlichen Rechts (nach
Maßgabe des Asylrechts, Marktrechts, Stadtrechts) dem Landgericht entzogen. Das Stadtgericht ist kraft öffentlichen Rechts
ausschließlich für die städtischen Sachen (Marktsachen) zuständig.
Das Stadtgericht (Marktgericht) ist, im Gegensatz zum Im-
munitätsgericht, ein öffentliches Gericht.

Es kommt noch eins hinzu. Jeder Markt wird, kraft des
Marktkreuzes, auf einem königlichen Grundstück, im Namen und
in der Anwesenheit des Königs abgehalten. Überall ist die
Marktfreistatt eine königliche Freistatt. In allen Städten ist
der König der Herr der Freistatt. Auch wenn, wie dies in der
Mehrzahl der Fälle geschehen ist, der Markt vom König einem
andern Herrn überlassen wurde, ist doch die Gewalt des Marktherrn über den Markt, des Stadtherrn über die Stadt eine vom
König abgeleitete. Alle Marktgerichte, alle Stadtgerichte sind
königliche Gerichte.

Infolge dieser Thatsachen ist der ordentliche Stadtrichter der
Schultheiß, der Centenar der fränkischen Reichsverfassung.

In der karolingischen Zeit, wo es nur vorübergehend einen
Markt und einen Marktplatz gab, war der Centenar der gewiesene
Marktrichter. Die Marktsachen, über welche das Marktgericht zu
urteilen hat, sind an erster Stelle Schuldsachen, an zweiter Stelle
die „Marktfrevel" im technischen Sinn (forum infrangere, Burgfriede, Gottesfriede, oben S. 47), d. h. die Fälle des Blut und
Blau. Hier wie dort handelt es sich um Civilsachen im Sinne
des deutschen Rechts, causae minores, welche durch Geldzahlung
erledigt zu werden pflegen[80], d. h. um Sachen, welche in die

---

[80] Vgl. A. Nissl, Der Gerichtsstand des Klerus im fränkischen Reich
S. 184 ff.

Schultheißenzuständigkeit fallen. Peinliche Fälle begegnen ja immer nur ausnahmsweise. Wie sich das Marktgericht zu denselben stellt, wird später klar werden.

Wie nach fränkischem Recht der Schultheiß (Centenar) der Marktrichter, so ist nach mittelalterlichem Recht der Schultheiß (Stadtschultheiß) der Stadtrichter. Sein Gericht ist das Stadt= gericht, iudicium civile, das Bürgergericht (Burggericht)[81]. Er führt verschiedene Namen. Er heißt häufig Amtmann (so in Süd= deutschland) oder villicus oder (in Frankreich) maior (Maire), weil die Marktleute (Bürger) häufig zur familia (der Hofgenossenschaft) des Stadtherrn gehören und es dem Schultheißen daher in der Regel obliegt, den Marktleuten gegenüber nicht bloß die öffentliche

---

[81] Die Belege sind zahlreich und bekannt. Vgl. z. B. die Urkunde Hein= richs IV für die Domkirche zu Speyer v. J. 1101 (Hilgard, Urkunden zur Geschichte der Stadt Speyer, 1885, S. 16): Si quis illorum (der Kanoniker) serviens hospicio et convictu alicuius eorum cotidiano participans ali= quam contra ius civium iniusticiam fecerit, non in forum neque ius publicum sicud alii ex precepto tribuni vocentur, ymo tribunus episcopi in claustrum ante decanum veniens et sibi et ei qui lesus fuerit satisfactionem postulet et accipiat, hac videlicet ratione, ut ei qui lesus est secundum ius civile componatur, tribuno vero vel verberibus — vel si frater mavult servienti parcere, pecunia secundum ius civile sexaginta videlicet solidorum satisfactio fiat. Der tribunus ist der Schultheiß (vgl. Köhne, Urspr. S. 186. 187). Er ist zuständig, sobald das ius civile (Stadtrecht, Marktrecht) verletzt ist; er erhebt das Gewedde des Stadtrechts von 60 solidi und richtet auf dem Marktplatz (in foro). — Der Schultheiß von Straßburg richtet nach dem ersten Straßburger Stadtrecht § 10: pro furto, pro frevela, pro geltschulda in omnes cives urbis et in omnes ingredientes eam (die am Marktverkehr Teilnehmenden) preter mini= steriales ecclesie et eos, qui sunt de familia episcopi et qui ab ipso sunt officiati; sein Gericht ist in foro iuxta s. Martinum (§ 15); er richtet auch über die ministri fratrum de quocunque claustro, scilicet in causis pertinentibus ad mercaturam, si volunt esse merca= tores. Es ist klar, daß das Schultheißengericht das Stadtgericht (Marktgericht) darstellt. — Die Verleihung des Marktes schließt folgeweise für den Marktherrn das Recht zur Bestellung des Unterrichters (des Schultheißen) in sich; vgl. F. v. Wyß, Verfassungsgeschichte der Stadt Zürich, in Vögelin, Das alte Zürich, Bd. 2 (1888), S. 147.

Stadtgerichtsbarkeit, sondern auch die herrschaftlichen Rechte des Stadtherrn über seine familia wahrzunehmen. Als Stadtrichter ist der Schultheiß (Amtmann, Maire) aber immer ein Organ des öffentlichen Rechts, das Stadtgericht immer ein von ihm als Organ der königlichen Gewalt abgehaltenes öffentliches Gericht.

Das Marktgericht hielt der Centenar der karolingischen Zeit mit den Marktgenossen, und nur mit den Marktgenossen. Nur diejenigen, welche am Markte teilhaben oder kommen, um an dem Markte teilzuhaben (qui ad ipsas nundinas veniunt), genießen des Asylrechts an dem Markt, der Marktfreiheit [82]. Nur für diese Teilnehmer des Marktes gilt das Marktrecht, nicht für Dritte. So sind nur diese Teilnehmer des Marktes dem Marktgericht unterworfen und folgeweise (diese beiden Thatsachen stehen nach deutschem Recht in untrennbarem Zusammenhang) nur diese Teilnehmer des Marktes die Urteilfinder des Marktgerichts [83].

Das Urteil wird im Marktgericht von denjenigen gefunden, welche „da kaufen und verkaufen". Es versteht sich von selber, daß unter ihnen die gewerbsmäßigen Kaufleute den ersten Platz einnehmen.

Die Stadt ist ein ständiger Marktplatz, das Stadtgericht ein ständiges Marktgericht. Wer wird Genosse und Urteilfinder des Stadtgerichts sein? Die Antwort muß nach dem Vorigen lauten: alle die, welche an dem ständigen Markt Anteil haben.

---

[82] Vgl. die oben S. 51. 52 angeführten Stellen.

[83] Der Stadtrichter zu Radolfzell richtet über die familia ecclesie nur, soweit die Angehörigen derselben am Marktverkehr teilnehmen, vgl. oben Anmerk. 76; im übrigen gilt der Satz, daß der famulus ecclesie ad presensiam famulorum ecclesie (d. h. vor das Hofgericht) vocetur, Schulte a. a. O. S. 141. 145. Der Stadtrichter richtet also grundsätzlich nur über die Kaufleute, welche auf dem neu gegründeten Markt sich ansiedeln. Diese Kaufleute sind die cives. Ebenso richtet der Straßburger Stadtschultheiß grundsätzlich nur über cives, über Dienstleute und Eigenleute der Geistlichkeit nur, soweit dieselben mercatura treiben. Ähnlich in Speyer; vgl. Anm. 81.

Um an dem ständigen Markt als solchem Anteil zu haben,
bedarf es eines Anteils an dem Marktplatz, dem Weichbildgebiet, d. h. es bedarf des Grundbesitzes zu Weichbildrecht (zu Stadtrecht, Marktrecht).

Nur diejenigen gelten ursprünglich als Grundbesitzer zu Weichbildrecht, welche ein Stück des städtischen Marktplatzes (des Weich-
bildgebiets) unmittelbar vom Marktherrn zu Besitz empfangen
haben. Diese sind als solche des Marktes teilhaftig und kraft
ihres Grundbesitzes Bürger. Das Kennzeichen ihres Weichbildgrundbesitzes ist, daß sie nur den Zins zu zahlen haben, welcher
kraft Marktrechts (Weichbildrechts, Stadtrechts) dem Marktherrn geschuldet wird. Ein solcher Zins war bekanntlich die
Regel. In Augsburg hieß dieser Weichbildzins technisch der „ehafte
Zoll", die „gesetzliche" (auf dem Stadtrecht ruhende) Abgabe,
deshalb Zoll genannt, weil sie an den bischöflichen Zöllner ab-
geführt wurde, und lesen wir in dem Augsburger Stadtrecht von
1276, Art. XCIX (Meyer, Stadtbuch von Augsburg S. 181):

Elliu burcreht, diu in den ehaften zol niht hoerent,
daz sin huser, garten, baumgarten, swem man burcrehtzins
davon git —, die lute die den zins davon gaebent, die suln
allez daz reht haben, daz die lute habent, die ir zins
gaebent in den zol nah burcrehte.

Hier liegt die Entwickelung klar vor Augen. Das Burgrecht (Weichbildrecht) wurde jetzt, in Widerspruch mit dem Ursprünglichen, auf
allen städtischen Grundbesitz, auch auf denjenigen Grundbesitz erstreckt, welcher einem anderen Herrn, einem Grundherrn, nicht
dem Stadtherrn als solchem, zinste. Ursprünglich unterstand nur
der unmittelbar dem Marktherrn (als solchem) zinsende Grundbesitz
(welcher den „ehaften" Zoll zahlte) dem Burgrecht und dem
Burggericht. Der mittelbare, von einem anderen Herrn abhängige
Besitz machte zu Hofgericht, nicht zu Stadtgericht dingpflichtig, gab
keinen Anteil am Weichbild als solchem noch am Weichbildrecht.
In Köln gab es eine Reihe von „Lehngerichten", d. h. Hofgerichten,

über mittelbaren ſtädtiſchen Grundbeſitz⁸⁴. In Wien hat noch
das Wiener Stadtrechtsbuch aus dem 14. Jahrhundert, Art. 126
(Schuſter a. a. O. S. 121), den alten Grundſatz, daß man, wenn
dasſelb erb gelegen iſt auf des abtes guet von den Schotten, oder
auf ander herren gut, die beſunder gericht haben, nicht vor dem
Stadtrichter, ſondern vor denselben herren klagen muß.

Der zu Stadtrecht (vom Marktherrn unmittelbar innerhalb des Weichbildes) empfangene Grundbeſitz iſt wie dem Stadtgericht und den ſtädtiſchen Laſten unterworfen, ſo vom Hofgericht
und den eigentümlich hofrechtlichen Laſten frei⁸⁵. Er iſt insbeſondere frei vererblich und frei veräußerlich⁸⁶. Aus dieſem Grunde

---

⁸⁴ Vgl. Gobbers, Die Erbleihe in Köln, Zeitſchr. der Savigny-Stiftung, Germ. Abt., Bd. 4, S. 176.

⁸⁵ Vgl. Gobbers a. a. O. S. 140. 141 und insbeſondere v. Below,
Zur Entſtehung der deutſch. Stadtverf., Teil 1 S. 202—204. 241—244, welcher
die Eigenart des „Stadtrechtgutes“ (Weichbildgutes) klar hervorgehoben und
mit Nachdruck betont hat. Die Polemik, welche Köhne, Urſpr. S. 363 ff.
gegen v. Below eröffnet hat, geht von der irrtümlichen Vorausſetzung aus,
daß das beſondere Stadtgericht und folgeweiſe das beſondere Stadtrecht erſt
etwas Späteres, nicht Urſprüngliches ſei. Sollte denn der Stadtfriede und die
Stadtfreiheit, das Aſylrecht des Marktes und folgeweiſe der Stadt nichts Urſprüngliches ſein? In dem Aſylrecht aber iſt die Grundlage des beſonderen
Stadtgerichts und Stadtrechts von vornherein gegeben. Zum Überfluß wird
durch das jetzt von A. Schulte herausgegebene Radolfzeller Privileg das Daſein eines beſonderen ius fori und eines beſonderen iudicium fori bereits für
das Jahr 1100 urkundlich bewieſen. Die Urkunde hat zugleich Beweiskraft
für das 11. Jahrhundert, weil ſie auf das bereits fertige ius fori von Kon-
ſtanz verweiſt. Nehmen wir die Urkunde für Allensbach v. J. 1075 hinzu,
welche ein Privileg Ottos III zur Grundlage hat und den Kaufleuten inter
se vel inter alios (dadurch iſt klar, daß von einem öffentlichen Marktgericht, nicht von einem autonomen Gildegericht die Rede iſt) dieſelben iudicia
gewährt, quae Constaniensibus, Basiliensibus et omnibus mercatoribus
ab antiquis temporibus sunt concessa, ſo iſt der volle urkundliche
Beweis für das Daſein eines beſonderen Stadtgerichts (und folgeweiſe Stadtrechts) ſchon für das elfte und zehnte Jahrhundert erbracht.

⁸⁶ Vgl. die wichtige Urkunde im Urkundenbuch der Stadt Lübeck, Bd. I,
Nr. 6 (um 1182), welche ausdrücklich das Weſen der Weichbildleihe auseinander-
ſetzt. Dort heißt es: der Abt des Johannisklosters in Lübeck hat für ſein

ist die städtische Leihe (zu Weichbildrecht) von vornherein von der hofrechtlichen Leihe verschieden. Der praktische Grund liegt auf der Hand. Die städtische Leihe ist Kolonistenleihe. Die Stadt entsteht in weitaus den meisten Fällen durch Neugründung, durch Errich-tung eines ständigen Marktes, der dann erst mit Kaufleuten (Bürgern) besiedelt werden soll. Auch dann, wenn (wie meistens) am Marktort bereits eine Niederlassung vorhanden ist. Neben der alten Ansiedlung entsteht und soll entstehen die Marktansiedlung, die Kaufmannsstadt[87]. Dieser Neuansiedlung dient die städtische

---

Kloster vom Bischof quasdam areas erworben, quas nos ad persolvendum tributum quotannis, in manus eas colentium civili vel forensi iure, quod wigbelcdhe dicitur, collocavimus. Quod tamen quale sit, ne a pravis ac perversis hominibus aliquid malignitatis in posterum emer-gat, hic nominatim exprimimus, scilicet ut eas hereditario iure possideant, civitati omnem iustitiam faciant, et si cui vendi-cionis aut expositionis voluntas fuerit, primo abbati aream suam cum edificiis, que in ea construxit, eodem pretio, quo altero emenda sit, offerat. Quod si voluerit, acceptet; sin autem, libere vendat, salvo censu monasterii. Si quis autem venditionem vel expositionem fecerit, et abbati vel eius provisori aream suam non obtulerit, 2 solidos abbati vel eius vicario persolvat. Similiter qui censum suum ultra statutum ter-minum 2 dies neglexerit, 1 solidum solvat. Das Weichbildgut hat also drei Kennzeichen: 1. es ist zu Erbrecht gegeben, und zwar zu unentziehbarem, vom Willen des Gutsherrn unabhängigem Erbrecht, während nach Hofrecht alles Erbrecht grundsätzlich auf der Gnade des Herrn ruht; 2. das Weichbild-gut ist dem Stadtrecht und seinen Lasten, insbesondere dem Stadtgericht, nicht aber dem Hofrecht noch dem Hofgericht unterworfen; 3. der Zinsherr hat im Fall der Veräußerung ein bloßes Vorkaufsrecht, und selbst dieses Vorkaufsrecht kann durch Zahlung von nur zwei Schillingen abgelöst werden: die Veräuße-rung braucht nicht, wie im Hofrecht, durch die Hand des Herrn oder doch mit Konsens des Herrn zu geschehen; das Weichbildgut ist, im Vergleich mit dem Hofrecht, frei veräußerlich. Geradeso heißt es in dem Radolfzeller Privileg von 1100 in Bezug auf die zu ius fori gegebenen Güter: ut liceret emere, vendere et libere in allodio possidere (vgl. weiter unten).

[87] Vgl. oben S. 20 Anm. 21 und die Hamburger Urkunde von 1195 bei Lappenberg, Hamburger Urkundenbuch Nr. 310: cum castrum nostrum novum in Hamborch, quod in occidentali parte civitatis situm erat, a mercatoribus de voluntate nostra per fidelem nostrum Wiradum in areas distributum inhabitaretur. Es war schon zuvor in Hamburg ein

Leihe. Weil sie Kolonistenleihe ist, muß sie eine Leihe zu günstigen
Bedingungen sein. Darum ist, wie schon Schröder[88] bemerkt
hat, die städtische Leihe in den Kolonisationsgebieten der Leihe zu
Wald-, Marsch-, Hagenrecht, mit andern Worten der Leihe gleich-
geartet, welche der Urbarmachung und Neubesiedlung dient. Sie
verpflichtet nur zur Zinsleistung an den Leiheherrn, führt
keine hofrechtliche persönliche Abhängigkeit mit sich. Sie kennt kein
Konsensrecht des Herrn zur Veräußerung, sie kennt keine Beschränkung des Erbrechts, sie kennt insbesondere den Buteil nicht, das
Recht des Herrn (nach Hofrecht), einen Teil der beweglichen Erb-
schaft einzuziehen[89]. Der Kolonist soll Vermögen mitbringen, um

---

Markt, aber um die Stadt zu heben, gab Graf Adolf III von Holstein um
1188 dem Wirad von Boizenburg urbem Hamburg iuxta Alstriam sitam et
terram proximam urbi libere incolendam sub iure fori usque ad
medium rivi Alstric hereditario iure. Es war also eine Erweiterung des
Weichbildes bis in die Mitte der Alster erfolgt, und auch in Hamburg wurde
diese Neuansiedlung unmittelbar an dem Hafen der Alster die Kaufmannsstadt.

[88] Rechtsgeschichte S. 599.

[89] Vgl. Anm. 86. Indem die lübische Urkunde, die Weichbildleihe be-
schreibend, keines Buteils noch ähnlicher Abgaben gedenkt, schließt sie dieselben
von der Leihe iure civili aus. Dem Buteil nahe verwandt ist die (gleichfalls
hofrechtliche) Kurmede, das Besthauptrecht. Die Kurmede wird bei der
städtischen Erbleihe in Köln ausdrücklich ausgeschlossen, Gobbers a. a. O. S. 141.
Damit ist keineswegs gesagt, daß in den Städten kein Buteil und kein Besthauptrecht vorgekommen sei. Im Gegenteil. Auch in den Städten gab es,
wie schon betont wurde, Leihe nach Hofrecht: in all den Fällen, wo der Besitzer
nicht als unmittelbarer Inhaber eines Stückes vom Weichbild galt. Namentlich in den alten Römerstädten mußten hofrechtliche Lasten dieser Art häufig
sein. Aus dem Grunde, weil hier bei Erhebung des Ortes zum Marktort bereits eine bedeutende Ansiedlung vorhanden war, deren Rechtsverhältnisse
selbstverständlich nicht dem Weichbildrecht (der Ort war ja noch keine Stadt im
Rechtssinn gewesen), sondern dem Landrecht bezw. dem Hofrecht entsprachen.
Indem der Ort zum Marktort (Stadt im Rechtssinn) wurde, sind selbstverständlich diese Rechtsverhältnisse nicht mit einem Schlage beseitigt worden. Ver-
gegenwärtigen wir uns, daß gerade bei den alten Römerstädten keine plötzliche
Bewidmung mit Stadtrecht (Marktrecht) erfolgt ist, daß hier eine allmähliche
Entwickelung den ständigen Markt und sodann das Recht des ständigen Markt-
ortes urwüchsig hervorbrachte, daß folgeweise hier zunächst nur für einen engen
Raum, den Marktplatz selber mit dem, was unmittelbar dazu gehörte, Weichbild-

die Stelle in Bau zu setzen. Er wird es nimmermehr thun, wenn ihm die Einziehung eines Teils seines Vermögens seitens des Herrn in Aussicht steht. Das Hofrecht setzt voraus, daß das Vermögen des Hörigen vom Herrn herstammt und grundsätzlich dem Herrn gehört (was der Unfreie erwirbt, wird dem Herrn erworben). Das Kolonistenrecht kann darum kein Hofrecht sein.

All diese Erwägungen treffen jedoch zunächst nur den vom Marktherrn unmittelbar innerhalb des Weichbildgebietes verliehenen Grundbesitz. Der Marktherr ist es, welcher den Markt kolonisiert. Die Leihe seitens des Marktherrn ist die Leihe nach Kolonistenrecht, Marktrecht, Weichbildrecht. Sie wird bisweilen ohne jede Zinsverpflichtung gegeben[90]. Aber auch da, wo (wie in der Regel)

---

recht ausgebildet ward (vgl. S. 20). Die seit dem 10. Jahrhundert neu gegründeten, planmäßig ins Leben gerufenen Märkte sind naturgemäß von vornherein vom Weichbildrecht (Marktrecht) viel kräftiger gesättigt und folgeweise von vornherein mit durchgängig freieren Rechtsformen ausgestattet als die zum Vorbild dienenden alten Römerstädte, welche ihrerseits selber erst mühsam aus eigenen Kräften das Weichbildrecht neben dem überlieferten Land- und Hofrecht erzeugt haben. So erklärt es sich, daß gerade in den alten Römerstädten, obgleich sie zuerst zu dem neuen Marktrecht vordrangen, die stärksten Reste wie des Landrechts, so des Hofrechts übrig geblieben sind. Das Landrecht angehend, ist namentlich an die Machtstellung des Grafengerichts (bezw. Vogtgerichts) in den Römerstädten zu erinnern, vgl. unten S. 76 Anm. 110. Was das Hofrecht betrifft, so genügt der Hinweis auf Speier, wo bekanntlich der Buteil, durch welchen tota civitas ob nimiam paupertatem adnichilabatur, erst im Jahr 1111 durch Heinrich V aufgehoben wurde (Hilgard, U.-B. der Stadt Speier, Nr. 14). Die Menge der Einwohner der Altstadt muß damals noch buteilpflichtig gewesen sein. In der Altstadt überwog noch immer, von den früheren Zeiten her, die Leihe zu Hofrecht. Das Weichbildrecht hatte noch bis zum Beginn des 12. Jahrhunderts nicht vermocht, die alte Ansiedlung sich vollends zu unterwerfen. Man erinnere sich ferner, um die Verhältnisse in Speier zu verstehen, z. B. an die Verhältnisse in Radolfzell: neben der bäuerlichen Ansiedlung wird der Markt gegründet. Die Bauern (famuli ecclesiac) bleiben im Hofgericht und bleiben in ihren hofrechtlichen Verhältnissen, nur daß sie am Marktverkehr teilnehmen und auch allodium innerhalb des Marktplatzes (Weichbildes) erwerben dürfen und insoweit dem Stadtgericht unterstehen (vgl. A. Schulte a. a. O. S. 143. 144). Es versteht sich selber, daß diese famuli dabei buteilpflichtig geblieben sind.

[90] Vgl. z. B. Waitz, Verf.-Gesch. Bd. 7 S. 389 Anm. 4.

ein Zins für den Herrn vorbehalten wird, heißt das Recht des
Leiheempfängers Eigentum. Es ist ein freies, vererbliches, ver=
äußerliches, durch Hofrecht unbeschwertes Recht. Von vornherein
trägt der kraft Leihe nach Weichbildrecht geschuldete Zins die Natur
einer bloßen Reallast an sich. Die Leihe nach Hofrecht macht hörig
(vogteipflichtig), diejenige nach Weichbildrecht nicht. Die Leihe nach
Hofrecht erzeugt ein gutsherrliches, die Leihe nach Weichbildrecht
ein bloß zinsherrliches Verhältnis. Dementsprechend heißt es in
dem Privileg für Radolfzell von 1100:

> auctoritate et precepto Hainrici imperatoris tercii in villa
> Ratolfi forum statuimus et sic ordinavimus: partem villae, quae
> foro sufficeret, sub omni iure fori ei donavimus eo videlicet
> iure et libertate, ut ipsa terra omni homini cuiuscunque con-
> dicionis liceret emere, vendere et libere in allodio
> possidere sine omni contradictione, excepto quod emptor
> villico quartarium vini persolvat, sive multum sive paucum de
> terra emat.

Hier wird den Ansiedlern auf dem Marktplatz kein Zins auferlegt.
Dennoch beweist die dem villicus (Amtmann) von Radolfzell vor=
behaltene Handänderungsabgabe bei jedem Wechsel im Besitz (quar-
tarium vini), daß das Rechtsverhältnis der Ansiedler Leiheverhält=
nis, kein vollfreies Eigentum ist. Aber es ist Leihe zu Weichbild=
recht (ius fori). Daher die volle Freiheit der Veräußerung. Daher
die Bezeichnung der Weichbildgüter als allodium[91].

Jetzt lesen wir die Urkunde Herzog Konrads von Zähringen
für die Stadt Freiburg i. Br. (um 1140). Dort heißt es in der
Einleitung:

> unicuique mercatori haream in constituto foro ad domos in
> proprium ius edificandas distribui atque de unaquaque harea

---

[91] Vgl. ferner die von Waitz, Verf.=Gesch. Bd. 5 S. 355 Anm. 4 auf=
geführten Urkunden, welche von libertas et iustitia des zinspflichtigen Stadt=
rechtsguts (in Erfurt) sprechen und auch dem zinspflichtigen Weichbildgut die
Bezeichnung „Freigut" geben.

solidum publice monete mihi et posteris meis pro censu —
persolvendo disposui.

Kaufleute werden auf dem Marktplatz angesiedelt zu Zinsrecht,
Leiherecht. Aber die Leihe ist auch hier eine Leihe nach Marktrecht.
Darum heißt es, daß die Grundstücke den Kaufleuten in
proprium ius, zu „Eigentum" gegeben sind. Nunmehr wird der
Rechtssatz verständlich, den wir in einem wenig späteren Zusatz
zum Freiburger Stadtrecht [92] finden:

§ 40: Qui proprium non obligatum sed liberum
valens marcam unam in civitate habuerit, burgensis est.

Die Leihe zu Weichbildrecht macht zum Bürger, zum Angehörigen der Königsburg, des Marktes, — und nur die Leihe zu
Weichbildrecht, die Leihe unmittelbar vom Marktherrn innerhalb
des Marktgebietes. Diese Leihe giebt proprium non obligatum,
sed liberum. Den Gegensatz bildet die Leihe zu Hofrecht. Wem,
sei es auch innerhalb des Marktgebietes, Grund und Boden zu
Hofrecht geliehen worden ist (nicht vom Marktherrn zu Marktrecht),
der ist vom Bürgerrecht, von der Teilnahme am Weichbildrecht
ausgeschlossen [93].

Damit ergiebt sich von selber die Bedeutung der Thatsache,
daß die Handwerker in den Städten, wenigstens in ihrer großen
Mehrzahl, nicht zu Weichbildrecht, sondern zu Hofrecht angesiedelt sind [94]. Die Urkunde Herzog Konrads für Freiburg spricht

---

[92] Vgl. Heinrich Maurer in der Zeitschr. f. d. Gesch. d. Oberrheins,
N. F., Bd. 1. (1886) S. 187. Der Zusatz fällt höchst wahrscheinlich in die
Zeit 1152—1186.

[93] Erst die spätere Entwickelung hat auch anderen Grundbesitz in der
Stadt, welcher nicht den „ehaften" Zins zahlt, dem Weichbildgut nach „Burgrecht" gleichgesetzt, vgl. oben S. 61, eine Entwickelung, welche zweifelsohne mit
der aufsteigenden Bewegung des hintersässigen Handwerkerstandes zusammenhängt.

[94] Sie bilden einen Hauptteil der hintersässigen Bevölkerung der
Stadt. Diese Beobachtung hat Aloys Schulte gemacht, Urkundenbuch der
Stadt Straßburg, Bd. 3 (1884) S. 10. 11; vgl. Zeitschr. f. d. Gesch. d. Oberrheins, N. F., Bd. 5 S. 164. Die herrschende Ansicht geht bekanntlich davon
aus, daß die Handwerker nach deutschem Stadtrecht gleichfalls als Kaufleute

nur von Kaufleuten (mercatores) als Empfängern der Leihe
zu Marktrecht⁹⁵. Sind es doch auch die Kaufleute, um derentwillen
der Markt gegründet wird. Sie empfangen ein verhältnismäßig
großes Stück der Grundfläche: jede area soll 100 Fuß lang, 50 Fuß
breit sein. In den Händen dieser Kaufleute sammelt sich die Kraft
des Grundbesitzes in der Stadt. Die Handwerker sind als ihre
Hinterfassen angesiedelt⁹⁶. Die Handwerker sind daher vom Bürgerrecht ausgeschlossen. Sie können deshalb keine geborenen
Urteilfinder des Marktgerichts sein. Sie nehmen am ständigen
Markt keinen unmittelbaren Anteil. Erst die spätere Entwickelung
hat auch den Handwerkern Bürgerrecht und Weichbildrecht gebracht.

Dieselbe Urkunde Herzog Konrads sagt von dem Urteilfinden
im Stadtgericht:

> § 10: Si qua disceptatio vel questio inter b u r g e n s e s meos
> orta fuerit, non secundum meum arbitrium vel rectoris eorum
> discutietur, sed pro consuetudinario et legitimo i u r e o m n i u m
> m e r c a t o r u m precipue a u t e m C o l o n i e n s i u m examina-
> bitur iudicio.

Im Stadtgericht wird nach dem Recht der Kaufleute geurteilt. Das Recht der Kaufleute ist mit dem Stadtrecht gleichbedeutend. Es kann keinen Zweifel leiden, daß das „Recht der
Kaufleute“ ein im Gericht durch Urteil der Kaufleute ge-
fundenes, klar gestelltes, zur Entfaltung gebrachtes Recht ist. Das
Stadtgericht ist ein Gericht der Kaufleute und aus diesem
Grunde das Stadtrecht ein „Recht der Kaufleute“. Wie in Frei-

---

gegolten hätten (vgl. z. B. Waitz, Verf.-Gesch. Bd. 5 S. 357; Schröder,
Rechtsgesch. S. 597), eine Auffassung, bei welcher die ganze spätere städtische
Entwickelung, das erst allmähliche Aufsteigen der Handwerker zur (mehr oder
minder völligen) Gleichberechtigung mit dem aus den Reihen der Kaufleute
hervorgegangenen städtischen Patriciat unverständlich bleibt.

⁹⁵ Und zwar werden diese Kaufleute in der Einleitung als mercatores
p e r s o n a t i , als angesehene Kaufleute bezeichnet. Es kann keine Frage
sein, daß damit die Handwerker ausgeschlossen sind.

⁹⁶ In Straßburg erscheinen die Handwerker als Hinterfassen der Geschlechter, vgl. A. Schulte a. a. O. (oben Anm. 94).

burg, geradeso in Köln und in allen Städten (iure omnium mercatorum). Die Urkunde Herzog Konrads beweist, daß nach gemeinem Weichbildrecht das Urteil im Stadtgericht an erster Stelle von den Kaufleuten gefunden wird. Da von einem Rechtsstreit inter burgenses die Rede ist, so steht außer Frage, was auch sonst sich von selber ergeben würde, daß nur die mit Bürgerrecht (Weichbildgrundbesitz) ausgestatteten Kaufleute zu dieser Rolle im Stadtgericht berufen sind. Was die Urkunde Herzog Konrads für das zwölfte Jahrhundert darthut, wird durch anderweitige Zeugnisse für das 11. und 10. Jahrhundert bestätigt [97]. Hier haben wir die ursprüngliche Form des Stadtgerichts (Marktgerichts), zugleich die Grundlagen der städtischen Verfassungsentwickelung vor uns.

Die ständigen Urteilfinder (Geschworenen, Schöffen) des Stadtgerichts sind die mit Weichbildgrundbesitz in der Stadt angesessenen Kaufleute. Aus ihren Reihen erwachsen daher die „Geschlechter" der Stadt, die „Erbgesessenen" [98], die allein rats-

---

[97] Das Privileg für Allensbach von 1075 spricht ausschließlich von mercatores, welche in Allensbach ebenso wie in Konstanz und Basel inter se vel alios iudicant, vgl. oben S. 62 Anm. 85 a. E. Das Gleiche ergiebt das Privileg Heinrichs III für Quedlinburg v. J. 1040, Geschichtsquellen der Provinz Sachsen, Bd. 2 (1873) Nr. 9: Die negociatores von Quedlinburg sollen das gleiche Recht haben wie die mercatores de Goslaria et de Magdeburgo, et ut de omnibus, que ad cibaria pertinent, inter se iudicent: die Kaufleute sind die alleinigen Urteilfinder in dem Gericht über Speisekauf (de cibariis), welches einen unausscheidbaren Teil der Marktgerichtszuständigkeit bildet. — Vgl. unten Abschn. IV, ferner Köhne, Urspr. S. 73 ff. und die oben S. 29 angezogene Erzählung von den Kaufleuten, welche vom König das Weichbildrecht empfangen.

[98] Sie haben ihren Namen von der Leihe zu Weichbildrecht, welche ein festes erbliches Recht gewährt (vgl. oben). In Lübeck werden noch später „Erben" (hereditates) und „Häuser" unterschieden. Das „Erbe" bedeutet einen größeren Grundbesitz, eine Reihe von Häusern, Buden, etwa auch unbebauten Plätzen umfassend. Es ist das alte (große) Weichbildgut, welches der erste Empfänger vom Marktherrn zu Stadtrecht, Erbrecht empfing; das einzelne Haus ist ursprünglich kein „Erbe", sondern wird zu Hintersassenrecht (Hofrecht) besessen. Vgl. Pauli, Lübeckische Zustände (1847) S. 43. 44.

fähigen Familien des städtischen Patriciates. Alle übrigen Einwohner der Stadt erscheinen als bloße Schutzgenossen. Nur die
zu Weichbildrecht angesessenen Kaufleute besitzen das v o l l e Bürgerrecht.

———————

IV.

Die Zuständigkeit des Stadtgerichts.

Das Stadtgericht ist in seiner Eigenschaft als Marktgericht nur in Marktsachen zuständig. Nur für Marktleute gilt das Asylrecht der Freistatt, und nur für Marktsachen gilt allein das Marktgericht als das anzurufende Gericht.

Marktsachen sind in der fränkischen Zeit (bei nur vorübergehender Marktfreiheit) nur die aus dem Marktverkehr entspringenden Schuldsachen [99] und der gemeine Marktfrevel (oben S. 47). In peinlichen Fällen reichte die Zuständigkeit des Schultheißen nicht aus. Er hatte, sofern der Marktfriede durch peinlich zu strafende Vergehen gebrochen war, als Marktrichter nur Recht und Pflicht des ersten Angriffs. Wo es sich nicht um ein Richten über die handhafte That handelte, konnte schon der Gerichtsfrist wegen an eine Aburteilung peinlicher Vergehen in dem bloß vorübergehenden Marktgericht nicht gedacht werden. Urteil und Vollstreckung blieb dem Grafen und dem echten Ding (Landgericht). Grundbesitzstreitigkeiten kamen für das Marktgericht der fränkischen Zeit überhaupt nicht in Frage.

---

[99] Vgl. z. B. oben S. 53 Anm. 75.

Die Marktgerichtsbarkeit bedeutet lediglich niedere Gerichts= barkeit. Gerade darum ist der Schultheiß der geborene Markt= richter (S. 58. 59).

Es leidet keinen Zweifel, daß ursprünglich auch in den Städten die Zuständigkeit des Stadtgerichts (Marktgerichts) in gleicher Weise beschränkt war. Nach dem ersten Straßburger Stadtrecht richtet der Schultheiß (in dem Gericht, welches er auf dem Marktplatz hält) nur pro furto, pro frevela, pro geltschulda [100]. Das schon oft angezogene Privileg für Allensbach von 1075 läßt gleichfalls deutlich die beschränkte Zuständigkeit des Stadtgerichts erkennen:

> ipsi autem mercatores inter se vel inter alios nulla alia faciant iudicia preterquam que Constantiensibus, Basilien= sibus et omnibus mercatoribus ab antiquis temporibus sunt concessa.

Das Gericht, in welchem die Kaufleute zu Allensbach ur= teilen [101], soll nur in demselben Umfang zuständig sein wie in Konstanz und Basel und wie in allen Städten. Die nur be= schränkte Zuständigkeit des kaufmännischen Stadtgerichts entspricht dem gemeinen Weichbildrecht des 10. und 11. Jahrhunderts. Die Urkunde Heinrichs III für Quedlinburg (von 1040) drückt sich ähnlich aus: die Kaufleute von Quedlinburg sollen tali lege ac iusticia leben wie die mercatores de Goslaria et de Magdeburgo, et ut de omnibus, que ad cibaria pertinent, inter se iudicent [102]. Durch die Gleichsetzung der Quedlinburger Kaufleute mit den Goslarern und Magdeburgern wird ihnen die im Weich= bildrecht gemeinübliche Stadtgerichtsbarkeit gewährt. Besonders hervorgehoben wird das Gericht de cibariis, über den „Speisekauf",

---

[100] Vgl. oben S. 59 Anm. 81.

[101] Daß es sich um ein öffentliches Gericht, das Stadtgericht, handelt, ist schon oben S. 62 Anm. 85 bemerkt worden.

[102] Vgl. oben S. 69 Anm. 97. Mit der Wendung „inter se iudicent" wird hier das Stadtgericht bezeichnet, weil es ein ausschließlich mit Kauf= leuten besetztes Gericht ist. Daß es sich nicht etwa um ein bloßes, auch in der

den Handel mit Nahrungsmitteln, den Kleinhandel, welcher dem
täglichen Bedürfnis dient. Der Nachdruck fällt dabei auf die Worte:
de omnibus. Alles, was mit diesen häufigsten und alltäglichen
Geschäften des Marktverkehrs zusammenhängt, soll dem Gericht der
Kaufleute, dem Stadtgericht, unterstehen. Was damit gemeint ist,
macht eine Halberstädter Urkunde vom Jahre 1105 klar:

> ut (incole loci nostri, cives videlicet forenses, die Markt-
> bürger, die zu Weichbildrecht angesessenen Kaufleute, ihre Rechte
> behalten sollen und insbesondere) per omnem hanc villam in
> illorum potestate et arbitrio sicut antea consistat omnis cen-
> sura et mensura stipendiorum carnalium vendendo et emendo,
> et quod iuxta rusticitatem vel vulgaritatem lingue burmal
> vocant, ipsi diligenter observent, pondus et mensuram
> equam faciant. — Si quid autem natum fuerit questionis
> et illicite presumptionis de venditione et emptione in-
> iusta, ipsi vel quos huic negotio preesse voluerint, hoc secun-
> dum iustitiam exigendo diiudicent et corrigant[103].

Den Kaufleuten (cives forenses) steht Gewalt über Maß und
Gewicht und über unrechten Kauf (Meinkauf) zu. Sie führen die
Aufsicht wie über rechtes Maß und rechte Wage, so auch über den
rechten Marktpreis (iusta venditio). Sie üben diese Gewalt
entweder in ihrer Vollversammlung, welche als burmal (Bauernsprache) bezeichnet wird[104], oder durch das Mittel eines Aus-
schusses (quos huic negotio preesse voluerint). Es handelt sich um
ein diiudicare, um gerichtliche Entscheidung. So kann kein Zweifel
sein, daß das Marktgericht (Stadtgericht) gemeint ist. Im Stadt-

---

Zuständigkeit auf Kaufleute beschränktes Gildegericht (Korporationsgericht)
handelt, wird durch die Wendung: de omnibus, que ad cibaria pertinent,
zweifellos.

[103] G. Schmidt, Urkundenbuch der Stadt Halberstadt Nr. 4. Vgl.
Waitz, Verf.-Gesch. Bd. 7 S. 390. v. Below, Entstehung d. deutsch. Stadtgemeinde S. 33.

[104] Die Bezeichnung der Bürgersprache als Bauernsprache (burmal) wird
von v. Below a. a. O. S. 33 als Beweis für die Entwickelung der Stadt-

gericht kann die Gesamtheit der Bürger urteilen (burmal); in der
Regel steht das Urteil bei einem Kollegium, welches von der

gemeinde aus der Landgemeinde benutzt. Nicht ohne Grund. Um so mehr, weil
sicher auch der Bürger an der Landwirtschaft (Allmende) und an der bäuerlichen
Gemeindeorganisation Anteil hatte (vgl. unter VI). Dennoch kann unter dem
burmal unserer Stelle nur eine Bürgerversammlung (im Stadtgericht) ver=
standen werden, und zwar einmal, weil sie nach dem Wortlaut der Urkunde
eine Versammlung der cives forenses (der Kaufleute) ist, zum andern, weil
sie in Marktsachen, über Wage, Maß, Preis, entscheidet (daß auch der ländliche
Bauermeister in den gleichen Sachen zuständig sei, wird durch Ssp. II, 13. 3,
wo die Worte dit selve gerichte nur auf die Höhe des Strafmaßes bezüg=
lich sind, nicht bewiesen). Wie in unserer Stelle, so werden auch sonst die
Bürger als „Bauern" bezeichnet. Man vgl. z. B. das Statut für Höxter (1223
bis 1257), § 7 (Gengler, Stadtr. S. 202): quicunque Huxariam intraverit
et communionem civitatis, scilicet burscap, conquisierit. Das
Bürgerrecht heißt hier „Bauerschaft". Von noch größerem Interesse sind die
burrichter, welche in Soest nach dem alten (aus dem 12. Jahrhundert stam=
menden, im 13. Jahrhundert überarbeiteten) Stadtrecht in gewissen Fällen über
falsches Maß und geringe Schuldsachen richten (§§ 37. 61. 62; Gengler, Stadtr.
S. 443. 446). Schon v. Below (a. a. O. S. 35) hat bemerkt, daß die Mehrzahl
(zwölf) dieser „Bauerrichter" der Verfassung der Landgemeinde widerspricht. Mit
Hülfe des Medebacher Privilegs von 1165 können wir die Natur der Soester
Bauerrichter mit Bestimmtheit feststellen. Medebach ward mit Soester Recht
bewidmet (Medeb. Priv. § 25: ut leges illius fori similes sint legibus fori
Sosatiensis). In Medebach finden wir außer dem (landrechtlichen) Vogtgericht
zweierlei Erscheinungsformen des Stadtgerichts: das Gericht coram villico
(Schultheißengericht) und das Gericht coram iudice quotidiano, vgl. Medeb.
Priv. § 3 (Gengler, Stadtr. S. 282): causa, que coram villico vel coram
iudice quotidiano terminata fuerit civili iusticia (auch der index
quotidianus richtet nach Stadtrecht), stabilis et rata manebit. Der iudex
quotidianus ward von der Bürgerschaft erwählt und richtete über geringe
Sachen, vgl. ebendas. § 18: concedimus et vobis, ut iudices eligatis, qui
de furto intra 12 nummos inter vos debeant iudicare —, § 19: Quod
autem de maiori furto iudicandum est infra 30 nummos, villicus noster
sine banno cum civibus iudicare debet (bei größerm Diebstahl tritt das
Vogtgericht ein). Es ist klar, daß es auch in Medebach mehrere iudices
quotidiani gab und daß dieselben Unterrichter des Schultheißen waren,
ganz geradeso wie die iudices des ältesten Straßburger Stadtrechts, welche der
causidicus sub se habet und welche tantummodo in geltschuldas richten
(Straßb. U.=B. Bd. 1 S. 468 § 14). Diese Unterrichter des Schultheißen,
des Stadtrichters, welche in geringeren Sachen anstatt des Schultheißen nach

Bürgerschaft erwählt wird (quos huic negotio preesse voluerint):
die Schöffen oder der Rat (vgl. unten VI) sind gemeint.

Das Stadtgericht, in welchem unter Vorsitz des Schultheißen
oder seines Unterrichters nach ius civile (Stadtrecht) geurteilt
wird [105], hat als solches nur die beschränkte Zuständigkeit eines
Marktgerichts.

Doch hat hier eine Entwickelung stattgefunden.

Auch der Rechtsstreit über Teile des Marktplatzes, die zu
Weichbildrecht besessenen Grundstücke, ist für Marktsache erklärt und
der Zuständigkeit des Stadtgerichts unterworfen worden. So lesen
wir in dem Lindauer Privileg von 1275 § 2 (Gengler, Stadtr.
S. 253):

Item statuimus, quod nullus iudex publicus nec dux neque
comes aut quislibet ex iudiciaria potestate ipsos super
possessionibus, iuri forensi ipsorum civitatis sub-
iacentibus et in aliis causis secularibus quibuscunque, nisi
coram advocato vel suo iudice substituto in palatio dominae
abbatissae et praesente domina abbatissa poterit aliquatenus
convenire.

Ebenso in dem Wiener Stadtrechtsbuch aus dem 14. Jahrhundert Art. 126:

um dasselb purkrecht sol man in bechlagen vor dem
statrichter also beschaidenlich, ist das das haus oder das
erb in dem purkfrid gelegen is und das gerichte umb
ander sach auch ze recht dar geraichet [106].

Stadtrecht (ius civile) richten, welche also sicher nicht der Verfassung der
Landgemeinde, sondern der Verfassung der städtischen Marktgemeinde ange=
hören, heißen in Soest burrichter. Ganz geradeso wird in unsern Urkunden
die Versammlung der cives forenses, die Bürgersprache, ein burmal genannt.
Die Bezeichnung als solche giebt keinen hinlänglich sicheren Aufschluß über die
Herkunft der Einrichtung.

[105] Vgl. die vorige Anmerkung.

[106] Vgl. oben S. 24. Mit den Schlußworten der Stelle ist, wie der

Nach dem Radolfzeller Privileg urteilt bereits im Jahre 1100 dort das Stadtgericht (iudicium fori) auch über die allodia (Weichbildgrundstücke) des forum [107], während in Köln noch nach der Aufzeichnung von 1169 (oder später) dem Burggrafen das iudicium de hereditatibus (über das zu Weichbildrecht besessene „Erbe") vorbehalten ist [108] und auch nach dem Straßburger Stadtrecht aus dem 12. Jahrhundert nicht dem Schultheißen, sondern dem unter Königsbann dingenden Stadtvogt solche Zuständigkeit gebührt [109]. In den alten Römerstädten war die Entwickelung in dieser Hinsicht eine langsamere als in der Neugründung Radolfzell [110].

Wo die Zuständigkeit des Stadtgerichts für den Weichbildgrundbesitz sich durchsetzte, ging der Rechtsstreit über den städtischen Grundbesitz in die niedere Gerichtsbarkeit über. Der Grundbesitz verlor damit in den Städten sein landrechtliches Vorrecht, daß über ihn ausschließlich im echten Ding von dem unmittelbaren Werkzeug der Königsgewalt (dem Grafen) unter Königsbann gerichtet werde. Er wurde, zunächst in Bezug auf den Gerichtsstand, dem beweglichen Vermögen gleichgestellt.

Ja, auch für peinliche Sachen ging die Bewegung dahin, sie (unter dem Gesichtspunkt des Marktfriedensbruchs) dem Stadtgericht zuzuführen. Wir lesen in einem Reichsweistum von 1218, daß in peinlichen innerhalb des Weichbildes vorgefallenen Sachen dem Grafen oder Landrichter nur das Recht der Vollstreckung des (im Stadtgericht gefällten) peinlichen Urteils zuständig sein soll:

P e r t z , Legg. II, p. 229: Quod si forte alicui per cirothe-

---

Fortgang derselben zeigt, gemeint, daß das Grundstück unmittelbar zu Stadtrecht liegen muß. Der Hintersaße zu Hofrecht hat, auch wenn sein Grundstück innerhalb des Burgfriedens liegt, seinen Gerichtsstand vor dem Hofgericht, vgl. S. 62.

[107] Vgl. A. Schulte a. a. O. S. 141. 144.

[108] Ennen, Quellen zur Geschichte der Stadt Köln, Bd. 1 S. 556.

[109] Das geht aus der beschränkten Zuständigkeit des Straßburger Schultheißengerichts (oben S. 71) hervor.

[110] Vgl. oben S. 65 Anm. 89.

cam nostram contulerimus forum annuale vel septimanale — quod
comes aut alius iudex aliquis illius provinciae non debeat illic
habere iurisdictionem vel aliquam potestatem puniendi male-
ficia. Sed si forte latro vel fur vel alius maleficus fuerit
condempnatus, comiti sive iudici provinciali de loco illo erit
praesentandus ad sentencie in eum late executionem.

Dennoch blieb es die Regel, daß die peinliche Gerichtsbarkeit außerhalb der Stadtgerichtszuständigkeit blieb[111]. Das
Stadtgericht hat die Eigenschaft eines bloßen Marktgerichts grundsätzlich bewahrt.

Die regelmäßige Gestaltung, wie sie sich in durchaus der
Mehrzahl der Städte durchgesetzt hat, mag durch das Privileg für
Hörde in Westfalen v. J. 1340 veranschaulicht werden. Dort heißt
es § 4 (Gengler, Stadtr. S. 198):

Vortmer so sall unse richter richten alle, dat unse ge-
nade andrepet (die peinlichen Sachen); wat anders in der
stat to Hürde is to richtene, dat sall richten der stades-
richter, ere stat mede to beterne, als brouwene unde van
backene, unde des gelikes van waghe unde van mate, van
schulden unde des gelikes.

Dem Richter des Landesherrn sind hier nur die peinlichen
Sachen vorbehalten; über alle anderen Sachen (auch hier werden
besonders die Marktsachen hervorgehoben) richtet der Stadtrichter.

Das Gericht über peinliche Sachen und (früher) über Grundbesitz ist Landgericht. Auch das Gericht, welches der Burggraf
von Köln (unter Königsbann), der Vogt von Straßburg (gleichfalls

---

[111] Wenn es im Radolfzeller Privileg von 1100 heißt, daß der Markt
ab omni districtu frei sein solle, so bleibt doch zweifelhaft, ob damit, wie
A. Schulte a. a. O. S. 164 annimmt, auch Befreiung von der landrechtlichen
peinlichen Gerichtsbarkeit gemeint ist. Daß das Allensbacher Privileg von
1075, indem es die Strafe des Königsbannes für Bruch des Marktfriedens
androht, nicht zugleich die Zuständigkeit des Marktgerichts in diesen Sachen
ausspricht, bemerkt Schulte selber.

unter Königsbann) in der Stadt über peinliche Sachen und
Grundbesitzstreitigkeiten abhält, ist ebenso Landgericht, kein Stadtgericht. Seine Zuständigkeit erstreckt sich über das Stadtgebiet
hinaus [112]. In seinem Gericht wird nicht bloß über Bürger und
grundsätzlich nicht nach sonderlichem Stadtrecht geurteilt [113]. In
dem Verhältnis des von dem Burggrafen oder dem (mit dem
Königsbann ausgestatteten) Vogt gehaltenen Gerichts zum Schultheißengericht kommt das Verhältnis des Landrechts zu dem
sonderlichen Stadtrecht (Marktrecht) für die Stadt zum Ausdruck.
Die Stadtfreiheit ist keine völlige Freiheit vom Landrecht, sondern nur eine teilweise, dem Marktrecht entsprechende, weil die
Stadtfreiheit lediglich eine Rechtsfolge der Marktfreiheit darstellt.

Der Gegensatz von Landrecht und Stadtrecht (Marktrecht) ist,
wie aus dem Vorigen hervorgeht, von Bestand geblieben. In der
ersten Hälfte des Mittelalters ist es das unter Königsbann ge-
haltene, den König als landrechtliche Obrigkeit darstellende Gericht, später, seit dem 13. Jahrhundert, das Gericht des Landes-

---

[112] Vgl. die Ausführungen von Köhne, Ursprung S. 159 ff. 183. 191,
über die Zuständigkeiten der entsprechenden Ämter in Worms, Speier, Mainz.
Infolge der Thatsache, daß der Vogt von Straßburg ein landrechtlicher Beamter
ist, wird er im alten Straßburger Stadtrecht § 7 nicht unter den officiati
aufgeführt, in quibus urbis gubernatio consistit.

[113] Vgl. z. B. das Medebacher Privileg von 1165 §§ 2. 3 (Gengler,
Stadtr. S. 282): Hier werden unterschieden das Gericht des Vogtes sub regis
banno und das Gericht des Schultheißen bezw. seines Unterrichters ohne
Königsbann (§ 19). Dem Vogt ist die peinliche Gerichtsbarkeit vorbehalten.
Nur von dem Gericht des Schultheißen und seines Unterrichters heißt es, daß
in demselben civili iustitia, nach Stadtrecht geurteilt wird (vgl. Anm. 104),
und hängt damit die Bestimmung zusammen: et coram advocato nihil
amplius de ea (causa) debet retractari (§ 3). Wegen der Verschiedenheit
des Rechts im Schultheißengericht (Stadtgericht) und Vogtgericht ist der Rechtszug aus dem Stadtgericht an das Vogtgericht ausgeschlossen, — eine Thatsache,
mit welcher der bekannte Rechtszug vom Stadtgericht an ein anderes Stadtgericht gegeben ist. Doch kommen auch Ausnahmen vor. Nach dem alten
Augsburger Stadtrecht aus dem 12. Jahrhundert, V § 1 (Meyer, Stadtbuch
von Augsburg S. 312) soll auch der Vogt von Augsburg in seinen tria
legitima placita nullum facere iudicium nisi urbanorum iustitia.

herrn[114], welches die Stellung des Landrechts in der Stadt zum
Ausdruck bringt. Eine Reihe von Städten hat selbst die Landeshoheit, die Grafenrechte, in der Stadt erworben. Dann trat selbstverständlich eine städtische Behörde auch für die hohe, peinliche
Gerichtsbarkeit ein. Wesentlich ist solcher Erwerb der landrechtlichen Gerichtsbarkeit für das Dasein einer Stadt im Rechtssinne
nicht. Es ist, damit eine Stadt im Rechtssinne entstehe, nicht erforderlich, daß die Stadt Grafengerichtsbarkeit oder auch nur Schultheißengerichtsbarkeit zu eigenem Recht erwerbe. Das heißt: es
ist nicht erforderlich, daß die Stadt landrechtliche öffentliche Gewalt erwerbe[115]. Die weitaus größte Zahl der Städte hat das
niemals erreicht. Die Mehrzahl der Städte blieb bekanntlich land-
sässig (die Grafenrechte in der Stadt behauptete der Landesherr),
und in der Mehrzahl der landsässigen Städte ist auch der Stadtschultheiß (der Stadtrichter) nach wie vor vom Landesherrn ernannt
oder doch bestätigt worden, so daß damit der Landesherr auch die
Schultheißengewalt in der Stadt als seine Gewalt behielt. Wesentlich ist der Stadt nur wie im 10. und 11. Jahrhundert, ganz geradeso späterhin, daß für sie ein besonderes Stadtgericht in
den Grenzen der Stadtgerichtsbarkeit (Marktgerichtsbarkeit) bestehe.
Die Stadt war und blieb ein Markt, welcher durch die Marktfreiheit und das sonderliche Marktgericht und Marktrecht
ausgezeichnet war.

---

[114] Vgl. z. B. das angeführte Stadtrecht von Hörde.

[115] Das war früher meine Meinung, Fränk. Reichs- und Gerichtsverf.
S. 232 a. E. Dagegen mit Recht v. Below, Zur Entstehung der deutschen
Stadtverf., 2. Teil S. 204 Anm. 2. S. 205 Anm. 5.

V.

Das Stadtrecht.

Ein besonderes Gericht, ein besonderes Recht. Wie das
Lehnsgericht Träger des Lehnsrechts, wie das Hofgericht Träger
des Hofrechts, so mußte das Stadtgericht Träger eines besonderen
Stadtrechts werden.

Die Bedeutung der stadtgerichtlichen Rechtsprechung und Rechts-
erzeugung beruht im wesentlichen in drei Stücken. Einmal in der
Entfaltung des peinlichen Weichbildstrafrechts (oben S. 38 ff.).
Sodann in der Beseitigung der Geburtsstandesunterschiede für die
Stadtverfassung. Zum dritten in der Erzeugung eines Handels-
und Verkehrsrechts.

Der erste Punkt ist bereits früher dargelegt und aus dem
Wesen der Stadt als Königsburg abgeleitet worden. Auch der
zweite Punkt hängt mit dem Burgrecht, nämlich mit dem Asylrecht
der Stadt zusammen.

Das Asylrecht kennt keine Geburtsunterschiede. Die Freistatt
ist bestimmt, jedermann zu schützen, wer er sei. So kennt auch
das Marktrecht keine Geburtsunterschiede. Das Marktrecht gilt für
jedermann gleich, cuiuscumque sit condicionis [116]. Nach Markt-

---

[116] Privileg für Radolfzell: sub omni iure fori — eo videlicet
iure et libertate, ut ipsa terra omni homini cuiuscunque condicionis liceret emere, vendere et libere in allodio possidere. Vgl.

recht kann auch der Hörige im Marktgericht (dem Gericht der Frei=
statt) klagen und verklagt werden, kann auch der Hörige als
Gläubiger und als Schuldner auftreten. Er ist für das Markt=
gericht rechtsfähig, gerichtsfähig. Das Stadtrecht ruht auf diesem
Marktrecht (dem Asylrecht). Ja, es tritt hier noch ein neuer und
wichtiger Umstand hinzu. Auch der Grundbesitz innerhalb des
Weichbildes gelangt, wie wir gesehen haben, unter Stadtgericht und
Stadtrecht. So ist der Hörige in der Stadt auch des Eigen=
tums am Grund und Boden fähig. Nach Stadtrecht gilt
das Recht der Freien auch für den Unfreien. Das Stadt=
recht kennt keine Unfreiheit. Das Stadtrecht (Marktrecht)
sieht von vornherein nur den Kaufmann, nicht den ihm etwa an=
haftenden Makel der Geburt. Es trägt, im Gegensatz zum Land=
recht, den Geist und die Interessen des beweglichen Kapitals in

---

A. Schulte a. a. O. S. 141. 145. Nach Marktrecht (ius fori) ist, wie
diese Stelle bereits für das Jahr 1100 bezeugt, jedermann, wes Standes
er sei, des Eigentumserwerbs nach Weichbildrecht fähig. Die Geburtsunter=
schiede sind für das Weichbildrecht nicht vorhanden. Vgl. ferner Urk.
Lothars III für die Bürger Straßburgs v. J. 1129 (Straßb. Urkundenb.
Bd. 1 Nr. 78): civibus Argentinensibus — tradimus — institutum et ius
quoddam, ut videlicet nullus eorum cuiuslibet condicionis placitum
aliquod, quod vulgo thinch dicitur, extra civitatem suam constitutum
adeat (ausgenommen wegen auswärtiger Grundstücke) — si aliquis
adversus aliquem eorum aliquid habuerit, infra civitatem coram
ipsius civitatis iudicibus eum impetat ibique ei respondeat et
satisfaciat. advocati etiam, quorum subditi seu censuales infra
civitatem domos habuerint aut manserint, censum debitum ab eis
in civitate accipiant et, si supersederint vel dare noluerint, iustitiam
vel satisfactionem coram iudicibus civitatis infra ipsam civitatem
inde accipiant. Auch die Hörigen, welche auswärtigen Vögten zinspflichtig
sind, können wie in Radolfzell, so in Straßburg Grundstücke zu Weichbild=
recht erwerben und vor dem Stadtgericht Recht nehmen und geben. Die cives
Argentinenses sind verschiedenen Geburtsstandes. Aber das Stadtrecht gilt in
gleicher Weise für alle cives cuiuslibet condicionis. — Priv. Friedrichs I
für Lübeck v. J. 1188 (Lübecker Urkundenbuch Bd. 1 Nr. 7): Verleihung von
gewissen Nutzungsrechten an die Stadt Lübeck: intra hos terminos habebunt
omnes civitatem nostram Lubeke inhabitantes, cuiuscunque fuerint
conditionis, omnimodum usum.

sich, und diese Interessen sind nur auf Handel und Wandel, auf
das Umtreiben und Fruchtbarmachen des Geldes, auf die Erweiterung und Steigerung des Marktverkehres gerichtet. Wer dem
Markt, dem Kaufmann das Geld, die Ware zuführt, das ist ihm
gleichgültig. Es liegt in der Natur des Marktes, daß er sich öffnet
für jedermann. So liegt es in der Natur des Stadtrechts, daß
es der Anteilnahme aller Raum giebt, ohne Unterschied. Aus
diesem Grunde sieht das Stadtrecht (das Markt=Asylrecht) den
Unterschied der Geburt nicht. Innerhalb des Stadtrechts ist der
Unterschied der Geburtsstände, der Unterschied von frei und unfrei
zuerst, und zwar sofort und völlig, überwunden worden.

Nicht so, als ob es in der Stadt keine Hörigkeit mehr gäbe.
Im Gegenteil. In der Stadt gilt nicht bloß Stadtrecht (Markt=
recht), sondern auch Landrecht und Hofrecht. Es giebt in der Stadt
ein Landgericht (S. 76). Im Landgericht ist, dem Landrecht ent=
sprechend, grundsätzlich nach wie vor der Unterschied der Geburt
von Bedeutung. Erst wenn das Stadtrecht auch in dies Landgericht
eindringt [117], wird der Unterschied der Geburt für das Landgericht
verschwunden sein. Es giebt ferner in der Stadt Hofgerichte, die
Gerichte, welche über das „Gesinde", die familia, die Hörigen
und Zinspflichtigen eines in der Stadt begüterten Hofherrn ab=
gehalten werden [118]. Es giebt in der Stadt Dienstgerichte, die
Gerichte, denen die Dienstleute (Ministerialen), welche etwa in der
Stadt wohnen, unterworfen sind. All diesen Gerichten und ihrem
Recht thut das Stadtgericht keinen Abbruch. Die Hörigen, die
Dienstleute in der Stadt bleiben im Verhältnis zu ihrem Herrn
unter Hofrecht, unter Dienstrecht. Aber — auch diese Klassen der
Bevölkerung können am Marktverkehr teilnehmen. Soweit stehen
sie unter Stadtgericht und unter Stadtrecht, d. h. unter dem
gleichen Recht wie die Freien. Auch Angehörige dieser Klassen
können Kaufleute und Bürger werden. Soweit, in ihrer Eigen=

---

[117] So geschah es früh in Augsburg, vgl. S. 78 Anm. 113 a. E.
[118] Vgl. S. 61. 62.

schaft als Kaufleute und Bürger, stehen sie wiederum unter Stadtrecht und unter Stadtgericht[119]. Das Privileg für Allensbach
vom Jahr 1075 sagt:

> Omnibus eiusdem oppidi villanis mercandi potestatem con-
> cessimus, ut ipsi et eorum posteri sint mercatores, ex-
> ceptis his, qui in exercendis vineis vel areis occupantur.

Den villani, den Bauern von Allensbach, welche sämtlich zur
familia des Abts von Reichenau gehören, wird gestattet, das bürger-
liche, kaufmännische Gewerbe zu ergreifen. Die Gestattung bedeutet,
daß ihnen, sofern sie wirklich Kaufleute werden (und nicht bei
Wein- und Ackerbau verharren), in ihrer Kaufmannseigenschaft die
Freiheit des Stadtrechts gewährt ist. Werden sie damit ihrer bis-
herigen hofrechtlichen Pflichten und Abgaben, etwa des Buteils
oder des Besthaupts von ihrem landwirtschaftlichen Vermögen, ent-
hoben sein? Keineswegs! Als Kaufleute werden sie des Stadtrechts, der Freiheit, als Hofleute aber ebenso des Hofrechts teilhaftig sein. Ganz geradeso, wenn für Radolfzell der Abt von
Reichenau im Jahr 1100 den famuli ecclesiae gestattet, allodia
innerhalb des forum zu erwerben und daß sie de empcione, de
vendicione nulli iudicum (keinem anderen Richter als dem Markt-,
Stadtrichter) pro iure fori respondeant, während sie im übrigen,
in Bezug auf ihre anderweitigen Rechtsverhältnisse, nach wie vor
dem iudicium famulorum ecclesiae unterstehen. In der Stadt

---

[119] Vgl. das erste Straßburger Stadtrecht, oben S. 59 Anm. 81, und
insbesondere den dort schon angezogenen § 38: similiter et (der scultetus oder
sein Unterrichter) ministros fratrum de quocunque claustro ius habet
iudicandi de ipsis, scilicet in causis pertinentibus ad mercaturam, si volunt esse mercatores. Vgl. ferner die Speierer Urkunde
v. J. 1101 (Hilgard, Urk. der Stadt Speier Nr. 13): servientes der canonici
sollen, wenn sie contra ius civium unrecht gethan haben, zwar nicht auf
dem Markt, sicut alii, aber doch durch den Marktrichter (den Schultheißen,
tribunus) und secundum ius civile gerichtet werden. Wie die Teilnahme
am Marktverkehr (mercatura), ebenso unterwirft der Bruch des Marktrechts
ius civile) jedermann, auch die Dienstleute (servientes) und die Hörigen,
dem Stadtrecht und dem Stadtgericht.

gilt Stadtrecht, Landrecht und Hofrecht[120], — und nur soweit
die Zuständigkeit von Stadtgericht und Stadtrecht
reicht, nur soweit reicht das städtische Recht der Freiheit.

Aber das Stadtrecht ist der erobernde Teil. Vor dem Stadtrecht wird dereinst Landrecht wie Hofrecht verschwinden.

Diese Thatsache wird zuerst für die Hörigen von Bedeutung,
deren Herr versäumt hat, gegen den zum Bürger gewordenen
Hörigen die hofrechtlichen Ansprüche geltend zu machen. Hier findet
der bekannte Rechtssatz Anwendung, daß der Hörige, welcher Bürger
geworden ist, durch hofrechtsfreien Aufenthalt in der Stadt
nach Jahr und Tag frei wird: „die Luft macht frei".

Es wirkt zu diesem Ergebnis der Umstand mit, daß das Weichbild durch missio in bannum unter Königsbann gelegt ist (S. 30).
Insofern der Hörige Bürger ist, zählt er zu den Angehörigen der
von dem König durch Fronung mit Beschlag belegten Königsburg. Daher findet die Frist von Jahr und Tag, d. h. die Frist
für das „Ausziehen" des gefronten Gutes aus der Gewalt des
Königs[121], Anwendung. Es bedarf der unausgesetzten thatsäch-

---

[120] Vgl. auch oben S. 65 Anm. 89. — Über unfreie Bürger in Zürich
vgl. v. Wyß a. a. O. (oben Anm. 81 a. E.) S. 191. 192.

[121] Vgl. Zeitschr. der Savigny-Stiftung, Germanist. Abt., Bd. 1 S. 53;
Brunner ebenda Bd. 4 S. 237 ff., welcher, wie ich zu der oben S. 30. 40
gegebenen Darstellung nachtrage, von dem volksrechtlichen Ursprung der
missio in bannum ausgeht. Mit der Thatsache, daß das ganze Weichbildgebiet
als solches unter Königsbann gelegt ist, muß auch die Erscheinung in Zusammenhang gebracht werden, daß nach Weichbildrecht der Erwerb von Grundstücken
auch ohne gerichtliche Auflassung nach Jahr und Tag die rechte Gewere zur Folge
hat, daß hier also ohne weiteres und von Rechts wegen die dem König und
seinem Gut gegenüber geltende Verschweigungsfrist Anwendung findet. Vgl. das
alte Augsburger Stadtrecht aus dem 12. Jahrhundert, IV § 1: Et hec est
urbana iusticia. Si quis curtile annum et diem sine contradictione
possederit, quod de cetero nullius impeticioni respondeat, falls nicht der
Kläger echte Not beweist. Es besteht hier ein Gegensatz zwischen Stadtrecht und
Landrecht. Nach dem Augsburger Stadtrecht von 1276 Art. 74 § 1 ist bei
Veräußerungen von Eigen unter Bürgern in der Stadt nur für die Frist von
Jahr und Tag, für Veräußerungen dagegen uf dem lande oder uzerhalb
der Stadt für die Frist von 10 Jahren nah des landes rechte Gewährschaft

lichen Aufrechterhaltung der hofrechtlichen Befugnisse gegenüber
dem zum Bürger gewordenen Hörigen, um seine Hörigkeit, die
Angehörigkeit nicht bloß an die Königsburg (die Stadt), sondern
auch an den Hof, zu wahren[122]. Denn sofern der Hörige am
Stadtrecht Anteil nimmt, genießt er, unter Königsschutz, das Recht
der Freien.

Von gleich großer Bedeutung ist die vorhin an dritter Stelle
genannte Thatsache: die Entwickelung eines städtischen Handels-
und Verkehrsrechts.

Die Stadt ist kraft ihres Weichbildrechts ein Königshaus.

---

zu leisten. Die Veräußerung des Grundbesitzes wird hier ohne gerichtliche
Auflassung vollzogen. Nach Stadtrecht gilt trotzdem die Verschweigungsfrist
von Jahr und Tag, nach Landrecht aber nur die (wahrscheinlich römischrecht-
lichen Einflüssen entstammende) Verschweigungsfrist von 10 Jahren. Vgl.
Köhne, Ursprung S. 225. 226, wo auf die letztangeführte Stelle bereits hingewiesen worden ist.

[122] Zur Veranschaulichung des Obigen diene der Rechtsbrief Konrads,
Edlen von der Mark und Herrn von Hörde, vom Jahr 1340, § 2 (Gengler,
Stadtr. S. 198): Vortmer dat alle dey gene, dey in der stat hebbent
ghewonet jar und dach sunder ansprake ires heren, de zullen wesen
vry, und hebben deyzulven vryheyt und dat zulve recht, dat dey
anderen bürgere hebbent (der betreffende Hörige muß also Jahr und Tag
als Bürger in der Stadt gewohnt haben, vgl. z. B. auch das Recht von Höxter
§ 7; Gengler, Stadtr. S. 202); ane unse lüde unde unses neven,
des graven von der Marcke und unser beyder borchmanns
unde ane wasstinssighe lude. Wat der dar inne wonet, dey sullen
ghelden eren wastins iren heren; dey mögen ock ere kindere beraden
in dey stat sunder orloff ers heren, behalden doch eres heren
rechts, dat eme gebürt an en. Auch hier ist vorausgesetzt, daß Hörige
als Bürger in der Stadt wohnen. Sie genießen dann des Bürgerrechts, z. B.
auch der freien Verfügung über ihr städtisches Vermögen zur Ausstattung
ihrer Kinder, aber sie bleiben den hofrechtlichen Pflichten gegenüber ihrem
Herrn unterworfen. Der Unfreie, welcher „ohne Ansprache des Herrn"
Jahr und Tag in der Stadt Bürger ist, wird vom Hofrecht frei. Gegenüber
dem Stadtherrn selber und ebenso gegenüber seinem Neffen, dem Grafen von
der Mark, soll dieser Rechtssatz jedoch keine Anwendung finden. — Der Graf
von Cleve verbot der Stadt Wesel, seine Hörigen zu Bürgern aufzunehmen,
vgl. Reinhold, Verfassungsgesch. Wesels im MA. (Gierke, Untersuchungen,
Heft 23, 1888) S. 23.

Wer hat das Recht, im Königshause Handel zu treiben? Die
Antwort kann nicht zweifelhaft sein. Allein der König. Er
ist befugt, jedem andern den Handel zu verbieten, sei es ganz, sei
es auf gewisse Zeit. Nur mit seiner Genehmigung darf dort
Handel getrieben werden. In der Mehrzahl der Fälle hat der
König seine Rechte über den Markt (die Stadt) einem Marktherrn
übertragen. Wer darf dort Handel treiben? Auch hier ist die
Antwort außer Zweifel: allein der Marktherr. Jeder andere
nur kraft Gestattung seitens des Marktherrn.

Es steht außer Frage, daß die hervorgehobenen Folgerungen
aus dem rechtlichen Wesen der Stadt wirklich gezogen worden sind.

In zweierlei Weise ist der Handel in der Stadt beschränkt.

Einmal durch die Abgabe des Marktzolls. Der Marktzoll (eine Abgabe von jedem Kaufgeschäft, welches auf dem Marktplatz zu stande gekommen ist) beruht auf dem Eigentum des
Königs an dem Marktplatze (vgl. S. 30). Für Benutzung des
königlichen Grund und Bodens zu den Zwecken des Handels ist
(geradeso wie für die Benutzung der öffentlichen Flüsse, Straßen,
welche ja gleichfalls des Königs Eigentum sind) Zoll zu entrichten.
Der Marktzoll ist rechtlich den Abgaben gleichartig, welche für die
Benutzung eines Standplatzes auf dem Markt zu zahlen sind [123].

Aber es giebt noch andere Lasten, welche auf dem Markte
ruhen. Wir finden den Ohmpfennig (vom Wein), den Stein-
pfennig (vom Salz), den Bannpfennig und anderes, lauter Abgaben, welche für das Recht zum Handelsbetriebe, für das Recht,
die Waren auf den Markt zu bringen (ohne Rücksicht darauf, ob

---

[123] Über den Marktzoll vgl. Waitz, Verfassungsgesch. Bd. 8 S. 287 ff.;
Rathgen, Entstehung der Märkte S. 44 ff. Wie wenig Rathgen jedoch
im Recht ist, wenn er (S. 3) wie das gesamte fränkische Zollwesen, so auch den
Marktzoll aus dem römischen Recht ableiten will, erhellt aus dem Obigen
von selbst. Was die fränkischen Fluß- und Brückenzölle angeht, so mag
bemerkt werden, daß die Zölle im römischen Reich durchweg Eingangs-, Grenz-
zölle (an den Grenzen der Provinzen erhoben) sind, vgl. F. Marquardt,
Römische Staatsverwaltung Bd. 2 (2. Aufl. 1884) S. 269 ff., während jene
fränkischen Zölle ebenso durchweg Durchgangszölle darstellen.

wirklich Kaufgeschäfte geschlossen werden), zu entrichten sind [124]. Alle diese Abgaben entspringen dem Bannrecht des Königs, dem Recht, welches ihm grundsätzlich zusteht, seinerseits allein den Markt wirtschaftlich auszunutzen. Durch Verleihung des Königs geht auch dies königliche Bannrecht (ebenso wie der Marktzoll) in der Regel auf einen Marktherrn über. Besonders verbreitet ist der Bannwein. Das Recht des Bannweins äußert sich in dem Recht des Königs (oder des Marktherrn), während einer gewissen Zeit allein Wein auf den Markt zu bringen. Es ist bereits eine Abschwächung des Bannweinrechts, wenn der Handel mit Wein während der Zeit des Bannes auch anderen gegen eine gewisse Abgabe gestattet wird [125]. Die weite Verbreitung des Bann= weins in den deutschen Städten beweist, gleich den übrigen vor= her genannten Abgaben, daß es mit dem Handelsmonopol des Königs (Marktherrn) sehr ernst gemeint war, daß in Wirklichkeit der Markt, die Stadt als des Königs Markt, des Königs Stadt behandelt wurde. Der Wein war in zahlreichen Städten, namentlich am Rhein, der vornehmste Handelsartikel [126].

---

[124] Vgl. Waitz, Verfassungsgesch. Bd. 8 S. 279. 280. 283 Anm. 2.

[125] Vgl. über den Bannwein die bei Waitz, Verfassungsgesch. Bd. 8 S. 278 Anm. 2 gesammelten Zeugnisse. In Straßburg ward das Bannwein= recht des Bischofs (des Marktherrn), welches noch 1119 durch Heinrich V nur auf die Dauer von sechs Wochen beschränkt wurde, erst im Jahre 1252 durch die Stadt abgelöst. Vgl. Straßb. Urkundenb. Bd. 1 Nr. 74. 359—361 und das erste Straßburger Stadtrecht c. 55. Für die Neugründung Radolfzell ward dagegen schon durch das Privileg von 1100 von vornherein auf Bann= wein und ähnliche Bannabgaben Verzicht geleistet: in foro sub nullo banno emant, vendant, vgl. A. Schulte a. a. O. S. 141. 143 Anm. 1. Auch hier gilt die oben S. 65 Anm. 89 bereits gemachte Beobachtung.

[126] In Köln begegnet als Fortsetzung der alten Kaufmannsgilde seit dem 14. Jahrhundert die Weinbruderschaft, fraternitas vini, die Gesamtheit derer, welche das Recht des Weinzapfes, d. h. des Kleinverkaufes, besonders des öffentlichen Ausschanks von auswärts gewachsenem und in die Stadt ein= geführtem Wein besaßen, vgl. den vortrefflichen Aufsatz von E. Kruse, Die Kölner Richerzeche, in der Zeitschr. der Savigny=Stiftung, Germ. Abt., Bd. 9 (1888) S. 163—167. — In anderen Städten, insbesondere im Norden, stand anstatt des Weines in gleicher Rolle das Bier, und erscheint dort anstatt des

Es versteht sich jedoch von selber, daß das Bannrecht des
Königs (des Marktherrn) praktisch vornehmlich zu dem Zweck in
Anwendung gesetzt wurde, um den Handel ins Leben zu rufen.
Das geschah durch die königliche bezw. marktherrliche Bestätigung
der Kaufmannsgilden.

Von Rechts wegen gilt nach deutschem Recht Vereinsfreiheit.
Die Bildung von Bruderschaften, Gilden ist (sofern nicht gewisse
strafrechtliche Bestimmungen überschritten werden) freigegeben. Aber
damit dem Verein als solchem öffentliche Rechte zustehen, bedarf es
selbstverständlich der Bestätigung des Vereins durch die öffentliche
Gewalt. Die Bestätigung einer städtischen gewerblichen Bruderschaft, Gilde seitens der öffentlichen Gewalt giebt dieser das Recht
auf alleinigen Betrieb dieses Gewerbes[127]. Der bestätigte
Verein wird des marktherrlichen Marktbannrechts teilhaftig. Nur
Mitglieder dieser Gilde können ihre Waren an den Markt bringen.
So erwirbt die bestätigte Gewerbegilde das Recht, jeden, welcher
das gleiche Gewerbe treiben will, zum Eintritt in die Bruderschaft
zu zwingen. Das erste Erzeugnis dieser Entwickelung sind die
Kaufmannsgilden gewesen. Sie haben, kraft ihrer Anerken-
nung seitens der öffentlichen Gewalt, das alleinige Recht des kaufmännischen Gewerbebetriebes in der Stadt[128]. Es ist bekannt, daß
den Kaufmannsgilden späterhin die Bruderschaften der Handwerker
gefolgt sind. Der Zunftzwang, das ganze Gewerberecht des Mittelalters hat nicht im Hofrecht (noch im römischen Recht), sondern in
dem deutschen öffentlichen Recht, in dem Weichbildrecht, in
der Stellung des Königs zu Markt und Stadt seinen Ursprung.

Bannweins das Brauzwangsrecht des Königs bezw. des Stadtherrn, welches
sich in dem Recht auf eine Abgabe zu äußern pflegt, Waitz, Verfassungsgesch.
Bd. 8 S. 276. 277; E. Kruse a. a. O. S. 165.

[127] In Köln ist der Ausdruck „Lehnung der Bruderschaft" oder frater-
nitatem confirmare, die Genehmigung, Bestätigung der schon vorhandenen
Bruderschaft seitens der öffentlichen Obrigkeit, für die Verleihung des ausschließ-
lichen Gewerberechts technisch, E. Kruse a. a. O. (s. vor. Anm.) S. 172—175.

[128] Vgl. die bekannten Ausführungen von Nitzsch in den Monatsberichten der Berliner Akademie 1879 S. 4 ff., 1880 S. 370 ff.; Frensdorff,
Dortmunder Statuten (1882) S. LII ff.

Es bedarf kaum der weiteren Ausführung, daß wie die
Schöpfungen des Mittelalters auf dem Gebiet des gesamten
Handels- und Gewerberechts, ebenso auch die Fortbildung des
Privatrechts, insbesondere des Erb- und Familienrechts, innerhalb
der Städte in dem nämlichen Verhältnis des Königs zu dem
städtischen Wesen ihre Grundlage findet.

Im Stadtgericht ist der König selber anwesend. Das Kreuz
auf dem Marktplatz ist der Ort, wo das Marktgericht, das Stadtgericht abgehalten wird. So steht die Gewalt des Königs hinter
dem Stadtgericht [129]. Das Stadtgericht ist eine Schöpfung des deutschen Amtsrechts. Seine Grundlage ist die durch das Stadtkreuz
symbolisierte missio in bannum des Stadtgebiets. So ist denn
auch das Stadtgericht selber eine Stätte des Amtsrechts.
Weil das Stadtgericht ein Gericht im Hause des Königs, am
Hofe des Königs ist, kann im Stadtgericht auch in Widerspruch mit dem Landrecht gerichtet werden. Erinnern wir
uns daran, daß die Stadt als Freistatt, Markt selbst von dem
landrechtlichen Strafrecht eximiert ist (S. 34 ff.). Wie von dem
landrechtlichen Strafrecht, geradeso ist die Stadt, soweit die Zuständigkeit von Marktrecht und Marktgericht reicht, von dem
landrechtlichen Privat- und Prozeßrecht kraft der Anwesenheit
des Königs im Stadtgericht ausgenommen. Es gilt in Wahrheit
kein Landrecht, sondern Weichbildrecht. Selbstverständlich bildet das Landrecht die Grundlage, von welcher auch das
Stadtrecht ausgeht. Wie das Amtsrecht des fränkischen Reichs,
geradeso ist auch das Stadtrecht aus dem Landrecht hervorgegangen, und ist natürlich nur aus praktischen Gründen eine Abweichung vom Landrecht ins Werk gesetzt worden. Aber es bleibt

---

[129] Vgl. Schröder, Rolandssäulen S. 18: auf dem Marktgericht im
Rathause zu Oberndorf in Schwaben hing noch im 16. Jahrhundert über dem
Gerichtstisch ein „baderhüetle" (der Hut des Königs), welcher von den Par-
teien als „mein gnediger herr der künig" angeredet werden mußte. Ein in
diesen Hut geworfener Heller bedeutete die dem König bei Anrufung seines
Gerichts geschuldete Gerichtsabgabe.

dabei, daß das Stadtgericht an das Landrecht nicht gebunden
ist, daß hier ebenso wie im Königsgericht die Grundlagen einer
freieren, beweglicheren, den Bedürfnissen des Augenblicks schneller
folgenden Rechtsentwickelung gegeben sind.

Nur so werden die zahlreichen Stadtprivilegien verständlich, welche im 11. und namentlich im 12. Jahrhundert das Stadtrecht aus den Banden des Landrechts auf eine neue Bahn führen.
Wie erscheint es als denkbar, daß ein Herzog von Zähringen, ein
Bischof von Magdeburg und unzählige andere Stadtherren ihrer
Stadt durch einseitige Verfügung ein „Privileg" erteilen, welches
in zahlreichen Punkten mit dem Landrecht in Widerspruch sich befindet? Nur so, daß der Stadtherr, der Herr des Stadtgerichts,
in Ausübung der von dem König ihm über den Markt gewährten
Rechte (und wo keine ausdrückliche königliche Verleihung vorlag,
ward sie vorausgesetzt) das Bannrecht des Königs auch in dieser
Richtung über seinen Markt ausübte, um das Marktrecht, das
Recht der Freistatt, kraft königlichen Befehlsrechts fortzubilden.
Die Stadtprivilegien sind die vornehmste Erscheinung königlichen
(anstatt des Königs vom Marktherrn gesetzten) Amtsrechts im
deutschen Mittelalter. Die Stadtprivilegien waren nur möglich,
weil das Stadtgericht ein Gericht kraft Amtsrechts und mit der
Gewalt des Amtsrechts bedeutete.

VI.

Schluß.

Die Stadtverfassung, wie sie im 13. Jahrhundert in der Mehrzahl der deutschen Städte vor uns steht, ist das Ergebnis einer
in mannigfach verschiedener Weise sich verschlingenden Entwickelung
gewesen.

Die Entstehung der Stadt im Rechtssinn war durch die Gründung eines ständigen Marktplatzes gegeben. Aus dem Marktrecht
folgte (innerhalb der Grenzen desselben) die Befreiung des Weichbildes vom Landgericht und Landrecht, die Ausbildung eines besonderen Stadtgerichts und Stadtrechts.

Die Verfassung der Stadt war als solche Marktverfassung.
Aber die Marktverfassung ist nicht die einzige, an welcher die
Glieder der Marktgemeinde beteiligt sind. Es giebt für die Marktleute außer dem Marktverbande namentlich noch zwei Verbände,
an welchen sie gleichfalls teilnehmen.

Der eine Verband ist der Verband des Landgerichts, welcher
vornehmlich durch das echte Ding mit dem Grafen (Burggrafen,
Vogt) als vorsitzendem Richter vertreten wird. Davon ist oben
(S. 76. 77) schon gehandelt worden. Die Geschichte des Landgerichts-
verbandes ist für die Städte nur insofern von Bedeutung geworden,
als ein Teil der Städte das Landgericht (Grafengewalt) zu eignem
Rechte erwarb und damit zur Landeshoheit emporstieg: dem Rat
gebührte dann die peinliche Gerichtsgewalt. In der Mehrzahl der

Städte blieb das Landgericht als Organ der landesherrlichen Gerichtsgewalt neben der städtischen Organisation, ohne dieselbe zu
berühren.

Der andere Verband, welcher hier in Frage kommt, ist der
Verband der Landgemeinde. Die Stadtgemeinde ist als solche nur
für Marktsachen interessiert und eingerichtet. Aber die Mehrzahl
der Bürger, auch der grundbesitzenden Kaufleute, hat noch ander-
weitige wirtschaftliche Interessen. Der Bürger treibt vielfach noch
Landwirtschaft, sei es ausschließlich (er kann Bürger lediglich kraft
Weichbildgrundbesitzes sein), sei es neben einem städtischen Gewerbe.
Der Bürger ist zugleich Bauer. Er bedarf der Allmende, der
Gemeinwiese, der Gemeinweide [130]. Zahlreiche Städte sind aus
Dörfern herausgewachsen [131]. Es versteht sich von selber, daß die
Landgemeinde mit ihrem Besitztum wie mit ihrer Verfassung nicht
ohne weiteres verschwand.

Die Marktgemeinde gehört also in der Regel zugleich einer
Bauerngemeinde an. Ja, es begegnet außerordentlich häufig, daß sie

---

[130] Die Bürger, Kaufleute und Handwerker pflegten Vieh zu halten.
Die Feindschaft der Goslarer Bürger im Jahre 1073 gegen Heinrich IV
stammte vornehmlich daher, daß die königlichen Dienstmannen ihnen ihre
Herden weggetrieben hatten, vgl. Köhne, Ursprung S. 240 Anm. 1 und
ferner die Citate daselbst S. 375 Anm. 5. Das Radolfzeller Privileg
von 1100 betrachtet es als selbstverständlich, daß die auf dem forum an-
gesiedelten Kaufleute auch Anteil an der Allmende der Radolfzeller Landgemeinde haben. Es heißt: dampnum familie sic cognovimus, quod ligna
copiose et pascua late antea possiderunt, postea strictius habuerunt: die
Radolfzeller Bauerschaft wird durch die Anlage des Marktes (der Stadt) ge-
schädigt, insofern die zuziehenden Kaufleute ihnen nunmehr Waldnutzung und
Weidenutzung schmälern, vgl. A. Schulte a. a. O. S. 141. 143. Die Kaufleute (Bürger) wurden also zugleich in die Landgemeinde, die Marktgemeinde
in die Markgemeinde aufgenommen. Das wird die Regel gewesen sein. In
Quedlinburg müssen die Kaufleute (Bürger) nach der Urk. Lothars von 1134
(Geschichtsquellen der Provinz Sachsen, Bd. 2 Nr. 10) für die Benutzung der
pascua eine Abgabe an die Äbtissin wie an den villicus zahlen.
[131] Regelmäßig so, daß der Markt zunächst neben der ländlichen Ansiedelung gegründet wurde, dann später mit derselben verschmolz, vgl. oben S. 19.
20 und Anm. 22 a. E.

mehrere Bauerngemeinden in sich schließt. Diese Bedeutung haben die so oft in den Städten begegnenden sogenannten Specialgemeinden, welche namentlich in jüngster Zeit die Aufmerksamkeit der Forscher erregt haben [132]. Die Specialgemeinden sind Landgemeinden, nicht Markgenossenschaften, aber Ortsgemeinden als Untergliederungen einer Markgenossenschaft [133]. Sie sind Bauerngemeinden, führen den Namen derselben und bewahren auch in der Stadt ihre ländliche Verfassung. An ihrer Spitze finden wir Bauermeister, Heimburgen, Greven, Konstabler [134]. Berühmt sind die Sondergemeinden in Köln mit ihren Buren, Burmeistern, Ge-

---

[132] Vgl. z. B. Vollbaum, Die Specialgemeinden der Stadt Erfurt, 1881; Höniger in der Westdeutschen Zeitschr. für Geschichte und Kunst, Bd. 2 (1883) S. 228 ff.; Höniger, Kölner Schreinsurkunden des 12. Jahrhunderts, Bd. 1 (1884—88); Liesegang, Die Sondergemeinden Kölns, 1885; E. Kruse in der Zeitschr. der Savigny=Stiftung, Bd. 9 S. 201 ff. Eine sorgfältige zusammenfassende Darstellung giebt Köhne, Ursprung S. 78 ff. Über Sondergemeinden in Dortmund s. Frensdorff, Dortmunder Statuten S. LI; in Zürich v. Wyß, Verfassungsgesch. der Stadt Zürich S. 159. In Aachen heißen die Sondergemeinden „Grafschaften", comitatus, ihre Vorstände comestabuli, Kastoyveltz, vgl. die Urkunden aus dem 13. und 14. Jahrhundert bei Lörsch, Aachener Rechtsdenkmäler (1871) S. 36. 56—58. 188—190.

[133] Die Auffassung von Liesegang a. a. O., welcher in den Sondergemeinden (Parochieen) Kölns fränkische Centenen und in ihren Gerichten öffentliche Centgerichte erblickt, ist bereits von E. Kruse a. a. O. S. 201 ff. widerlegt worden. Die Übereignung von Grundstücken vor den Organen dieser Parochieen ist keine gerichtliche Übereignung (im Sinne des öffentlichen Rechts), sondern lediglich Veräußerung in einer genossenschaftlich=autonomen Versammlung. Die praktische Bedeutung der Kölner „Schreinspraxis" beruht nicht in Beschaffung eines Gerichtsaktes, sondern lediglich in Beschaffung eines Nachbarzeugnisses, vgl. E. Kruse a. a. O. S. 205; v. Below, Entstehung der Stadtgemeinde S. 39 und in den Gött. Gel. Anz. 1889 Nr. 21 S. 841. — Wenn die Sondergemeinden in Metz den Namen paraiges führen, so wird dadurch die auch sonst mannigfach angedeutete Thatsache bestätigt, daß die Ortsgemeinden auf alten Ansiedlungen von Geschlechtsverbänden beruhen.

[134] Bauermeister ist, wenigstens im nördlichen Deutschland, der regelmäßige Name. So in Köln, in Dortmund (Frensdorff a. a. O.), in Wesel (vgl. Anm. 135). Heimburgen begegnen z. B. in Mainz, Worms, Speier, vgl. Köhne, Ursprung S. 101. 115. 125, Greven in Worms, vgl. Köhne ebenda S. 167 ff., Konstabler, comestabuli, in Aachen, oben Anm. 132.

burhäusern und Burenversammlungen. Aber die Landgemeinden
in der Stadt sind allmählich durch die Stadtgemeinden wie ihres
Besitzes, so ihrer sonderlichen Verfassung entkleidet worden. Die
Allmende kam unter die Verwaltung der Stadtgemeinde. Der
Bauermeister trat in die städtische Verfassung ein. Der Bauermeister ward in Wesel ein Mitglied des städtischen Schöffenkollegs
und zugleich ein namentlich mit polizeilichen Aufgaben betrauter
Unterbeamter des Rates[135]. Die Heimburgen wurden in Speier
vom Schultheißen (dem Stadtrichter), in Worms später vom Rat
ernannt und verwandelten sich dann in einfache Ratsdiener (famuli),
ebenso der Greve, welcher gleichfalls in Worms begegnet[136]. In
Aachen übten die Konstabler polizeiliche Gewalt in geringen Straf-
sachen in Unterordnung unter den Bürgermeister[137]. Überall kehrt
dieselbe Erscheinung wieder, daß der Beamte der zur Stadt gehörigen ländlichen Ortsgemeinde als dienendes Glied der städtischen
Organisation sich einfügt. Die Landgemeinde als solche verschwindet
und läßt als Spuren ihres Daseins nur ihren Bauermeister zurück,
welcher in den „Konstabler" der späteren Zeit sich verwandelt[138].

---

[135] Reinhold, Verf.-Gesch. Wesels S. 11. 12. 27.

[136] Vgl. die Mitteilungen bei Köhne, Ursprung S. 101. 122. 123. 167 ff.
Wenn in Worms im 15. Jahrhundert der Bürgermeister dem Bischof sein
Bürgermeisteramt aufgibt „mit des Heimburgen Stabe" (Köhne a. a. O. S. 122),
so erscheint auch hier der Heimburge als bloßer Diener des Bürgermeisters,
welcher den Stab desselben trägt.

[137] Vgl. die Urkunde von 1338 bei Lörsch a. a. O. S. 56. In dem um
1225 in bayrisch-österreichischer Mundart verfaßten Gedicht Ortnit begegnet
bereits der „Konstabel von der stat" als polizeilicher Stadtbeamter, vgl.
die Stelle bei Schröder, Rolandssäulen S. 15.

[138] In der Bezeichnung der Landgemeinde als comitatus, des Vorstandes
derselben als comestabulus (Konstabler, Greve) kehrt die ursprüngliche Bedeutung
des Wortes Graf (Diener, Amtmann), Grafschaft (Amt) wieder. Die Landgemeinden innerhalb der Stadt heißen „Ämter" und ihre Vorstände „Amtleute", vgl.
auch die ministeriales und loci ministri in Worms, Köhne, Urspr. S. 42. 43.
Auch die Bezeichnung der zu Pferde dienenden Bürger als „Constofler", „Con-
staffler" (vgl. z. B. v. Maurer, Gesch. der Städteverf. Bd. 1 S. 494) wird
mit dem Ausdruck comitatus (Amt) für die einzelnen Stadtquartiere (die alten
ländlichen Ortsgemeinden) zusammenhängen, nach denen die Constofler sich
versammelten (vgl. v. Maurer a. a. O. S. 497).

In dem Schicksal des Bauermeisters spiegelt sich das Schicksal der Landgemeinde innerhalb der städtischen Entwickelung wieder. Die Marktgemeinde war der stärkere Teil. Sie trug den Sieg davon. Die Verfassung der Marktgemeinde ward zu der späteren Stadtverfassung, welche nunmehr auch die alten ländlichen Gemeindeverbände in sich aufnahm.

Damit ist zugleich die große Frage beantwortet, welche bisher vor allem der Forschung auf dem Gebiet der Stadtverfassung zum Gegenstand gedient hat, die Frage nach der Entstehung des Rates.

Der Rat ist aus der Marktverfassung hervorgegangen. Das einzige Organ, welches dem Marktrecht als solchem angehört, ist das Marktgericht. So muß die Ratsverfassung aus der Marktgerichtsverfassung (Stadtgerichtsverfassung) entsprungen sein.

Die Marktgemeinde hat an ihrer Spitze den Marktrichter, den Schultheißen. Aber der Marktrichter war in den aufblühenden Städten bei dem wachsenden Handel und Verkehr auf die Dauer nicht im stande, sein Amt völlig auszufüllen. Dadurch ist es zur Ausbildung anderer Behörden, auch des Rates, gekommen.

Die älteste Urkunde, welche in Deutschland des Rates ausdrücklich und unzweideutig gedenkt, ist bekanntlich[139] das Privileg für Medebach in Westfalen vom Jahre 1165. Dort lesen wir:

§ 18: Concedimus et vobis, ut iudices eligatis, qui de furto infra 12 nummos inter vos debeant iudicare —. § 19: Quod autem de maiori furto iudicandum est infra 30 nummos villicus noster sine banno cum civibus iudicare debet. § 20: De iniustis modiis et de omnibus, que pertinent ad victualia, iudicium pertinet ad consules nostros cum adiutorio civium sine banno. § 21: Debitores estis ter in anno, ut servetis colloquium advocati, et ipse querimonias, que ad eum spectant, iudicio scabinorum absque insidiis iuste terminabit (Gengler, Stadtr. S. 284).

---

[139] Vgl. v. Below, Entstehung der Stadtgem. S. 100. Köhne, Ursprung S. 297.

Es giebt in Medebach vier Gerichte. Erstens das landrechtliche Gericht des Vogtes unter Königsbann (vgl. § 2 des Privilegs: sub regis banno) mit den Schöffen. Außerdem drei
Niedergerichte ohne Bann (sine banno) und ohne die Schöffen des
Landgerichts (nur cum civibus, cum adiutorio civium). Diese drei
Niedergerichte sind: 1. das Gericht des Schultheißen (villicus), d. h.
des Stadtrichters, cum civibus (mit Bürgern d. h. Kaufleuten)
über kleine Diebstähle im Werte von 12 bis 30 Pfennigen; 2. das
Gericht von Unterrichtern des Schultheißen (iudices) über Diebstähle bis zu 12 Pfennigen Werts[140]; 3. das Gericht des Rates,
gleichfalls cum adiutorio civium (unter Mitwirkung von Kaufleuten),
über Maß, Gewicht und Lebensmittel (Meinkauf). Die Unterrichter
(iudices) werden von der Bürgerschaft erwählt, der Rat aber wird
vom Stadtherrn eingesetzt. Darum heißt es: consules
nostros[141]. Während Schultheiß und Unterrichter über „Frevel"
richten, hat der Rat den anderen, vornehmsten Teil der Marktgerichtsbarkeit, das Gericht über Maß, Wage und Lebensmittel, zu
verwalten. Er hat zugleich damit die Aufgabe, für rechtes Maß
und rechte Wage und rechte Lebensmittelpreise zu sorgen. Das
ist als Teil der Marktgerichtsbarkeit ursprünglich dem Schultheißen
zuständig. Wie jene Unterrichter (iudices) einen Teil der
Schultheißengerichtsbarkeit, so soll der Rat einen anderen Teil dem
Schultheißen abnehmen. Die Wichtigkeit der Fragen, um welche es
sich bei Regulierung von Maß, Gewicht, Preis handelt, hat bewirkt,
daß nicht ein einzelner Unterrichter, sondern ein Kollegium (dies
will der Ausdruck „Rat" sagen) dieses Stück der Schultheißengerichtsbarkeit verwaltet, und auch dies Kollegium soll (wie sonst
der Schultheiß selber) noch andere cives zur Findung des Urteils
zuziehen. Aus der Schultheißengewalt entspringt die

---

[140] Vgl. über diese Unterrichter oben S. 74 Anm. 104.

[141] Auch späterhin versteht es sich keineswegs von selbst, daß der Rat
als solcher von der Bürgerschaft erwählt wird. Nach dem Recht von Hörde
in Westfalen (v. J. 1340) § 3 wählen die Bürger die Hälfte des Rates; die
andere Hälfte ernennt der Stadtherr (Gengler, Stadtr. S. 198).

Ratsgewalt. Sie bedeutet eine Abzweigung der dem Schultheißen zuständigen Marktgerichtsbarkeit.

Das Medebacher Privileg ist dem Soefter Stadtrecht nach-
gebildet. Das alte Soefter Stadtrecht liegt in einer Bearbeitung
aus dem 13. Jahrhundert vor. Dort finden wir außer dem landrechtlichen Vogtgericht (unter Königsbann) gleichfalls drei Niedergerichte. Nämlich außer dem Gericht des Schultheißen das Gericht
des Rates und das der Burrichter. Der Rat richtet über falsches
Gewicht, falsche Elle und falsches Maß bei Öl- und Weinverkauf
(§ 36 des Soefter Stadtrechts; Gengler a. a. O. S. 443); der
Burrichter hat (jeder in seinem Quartier) über Diebstahl bis zu
12 Pfennigen Wertes, über Schuldsachen bis zu 6 Pfennigen und
über falsches Maß beim Verkauf von Getreide und Bier zu
richten (§§ 37. 61. 62). In den Burrichtern zu Soeft erkennen
wir sofort die Medebacher Unterrichter wieder[142]. Es steht ihnen
in Soeft ein Teil auch der Gerichtsbarkeit über falschen Kauf zu.
Neben den Burrichtern steht in wesentlich gleicher Stellung wie zu
Medebach der Rat.

Als dritter Gegenstand unserer Betrachtung diene Köln. Dort
haben von alten Zeiten her die Bürgermeister die Gerichtsbarkeit über geringe Schuldsachen und über den Handel mit
Lebensmitteln. Ihnen lag die Aufsicht über Maß und Gewicht
ob. Sie regelten die Lebensmittelpreise[143]. Die Bürgermeister (zwei
an der Zahl) führen den Titel iudices[144]. Sie nehmen faft genau
die gleiche Stellung ein wie die Burrichter in Soeft[145]. Die Burrichter in Soeft sind aber wiederum mit den Unterrichtern des
Schultheißen gleichbedeutend. Daraus folgt, daß die kölnischen
Bürgermeister des 12. und 13. Jahrhunderts geschichtlich die Unterrichter des Schultheißen darstellen. Der Bürgermeister

---

[142] Vgl. oben S. 74 Anm. 104.

[143] Vgl. E. Kruse a. a. O. S. 181 ff.

[144] E. Kruse a. a. O. S. 182.

[145] Mit den „Burrichtern" sind „Bürgerrichter" gemeint, vgl. S. 74
Anm. 104.

ift in Köln älter als der Rat [146]. Nicht ein Kollegium, sondern
einzelne (zwei Männer, jeder wahrscheinlich mit örtlich oder
zeitlich getrennter Zuständigkeit) wurden in Köln als Unterrichter des
Schultheißen mit einem Teil der Marktgerichtsbarkeit über die Kaufleute, Bürger beauftragt. Solche Bestellung von Einzel-Unterrichtern
(iudices) des Schultheißen ist das Ursprüngliche, dem landrechtlichen
und landgerichtlichen Herkommen Entsprechende. Sie war in den
Städten sehr häufig [147]. Das Neue war, daß im Laufe des
12. Jahrhunderts in einzelnen Städten, denen dann die übrigen
folgten, ein Kollegium mit der Untergerichtsbarkeit (sei es ganz,
sei es teilweise) betraut wurde. Dadurch entstand der Rat.
In Soest muß diese Einrichtung schon vor der Mitte des 12. Jahrhunderts getroffen sein. Hier gab es bereits Burrichter, d. h.
Unterrichter alten Stils. Ihre Zuständigkeit mußte beschränkt
werden, um für den Rat Raum zu gewinnen. Daher jene Teilung
der Unterrichter-Zuständigkeit zwischen Rat und Burrichtern, welche
wir in Soest wahrgenommen haben. In Köln war das Bürgermeisteramt zu stark, als daß ihm ein Teil seiner Macht hätte genommen werden können. Neben dem Bürgermeisteramt und durch
dasselbe war in Köln die Richerzeche aufgekommen, eine mächtige
Körperschaft, welche an der Gewalt des Bürgermeisters teilnahm
und dieselbe verteidigte. Daher die so auffallend späte Entstehung
des Rates in Köln und seine ursprüngliche Ohnmacht [148]. Der Rat

---

[146] Er ist auch älter als die Richerzeche. Die Richerzeche ist vielmehr
erst aus dem Bürgermeisteramt erwachsen. Dies ist das wichtige Ergebnis der
oft angeführten Arbeit von E. Kruse. Daß das Amt der Bürgermeister (Burrichter) nicht bloß in Köln für älter zu halten ist als der Rat, ergiebt sich aus
dem Obigen von selbst. Die Bezeichnung des Amtes war bestimmt, diejenigen
Unterrichter des Schultheißen auszuzeichnen, welche von der Bürgerschaft selber
erwählt wurden, vgl. oben S. 96.

[147] Vgl. auch die iudices des Straßburger Schultheißen. Dieselben rich-
teten tantummodo in geltschuldas (Erstes Stadtrecht § 14).

[148] Er entstand erst um 1250, vgl. Hegel, Chroniken der deutschen Städte,
Bd. 14 S. LIX. Von Bedeutung wird der Rat in Köln erst seit 1370; bis
dahin ist er neben Richerzeche und Bürgermeistern ohnmächtig, vgl. E. Kruse
a. a. O. S. 176. 177.

ist in Köln nicht originär, sondern bloße Nachbildung der in anderen Städten bereits aufgekommenen Ratsverfassung.

Weshalb gerade für die alltäglichen und wichtigsten Marktsachen ein Rat an Stelle eines Einzel=Unterrichters eingesetzt worden ist, ward bereits vorhin angedeutet. Es handelte sich hier um Dinge (Lebensmittelpreise), an denen jedermann beteiligt war. Mehrfach finden wir die Vorschrift, daß der Schultheiß in solchen Fragen die ganze Bürgerschaft zuzuziehen habe[149]. An Stelle der Befragung der Bürgerschaft trat als das einfachere Auskunftsmittel die Beteiligung der maßgebenden Kreise der Bürgerschaft in der Form der kollegialen Besetzung des Gerichts.

In Beziehung zu dem Schultheißen, in Unterordnung unter den Schultheißen ist der Rat ausgebildet worden. Daher das enge

---

[149] So in Hameln, vgl. v. Below, Entstehung der Stadtgemeinde S. 24. Nur wo es sich um Weinverkauf handelte, genügte es, wenn der Schultheiß den Rat befragte. Vgl. ferner das burmal in Halberstadt, oben S. 73. 75, und das Verhältnis von Rat und burdinc in Magdeburg, Magdeburg=Breslauer Recht von 1261, § 2—6. — Es ergiebt sich aus dem Obigen, daß in jener Gerichtsbarkeit über Maß, Gewicht, Lebensmittel weder mit v. Below eine Zuständigkeit der Landgemeinde als solcher noch auch die Zuständigkeit einer Kaufmannsgilde (so gegenwärtig wohl die herrschende Meinung) gefunden werden kann. Es handelt sich stets um öffentliche Gerichtsbarkeit, um eine Gerichtsbarkeit, welche (z. B. beim Verkauf von Lebensmitteln) nicht bloß die Genossen des Verbandes (der Gemeinde, der Gilde), sondern ebenso die Ungenossen trifft und treffen muß, wenn sie überhaupt wirksam sein soll. Das heißt: es handelt sich um die Marktgerichtsbarkeit, und tritt infolgedessen immer wieder der öffentliche Beamte, der Schultheiß (so z. B. auch in Hameln) als der eigentliche Träger der hier in Frage kommenden Gewalt auf. Die Thatsache, daß der öffentlichen Gewalt in den Städten die Regelung auch des Handels und Wandels und damit des gesamten gewerblichen Lebens unterstand, wird durch die Gewalt der öffentlichrechtlichen Organe auch über die Verleihung der Korporationsrechte zweifellos, vgl. oben S. 88 Anm. 127. Erst von der öffentlichen Gewalt ist diese Machtbefugnis auf die städtischen Organe (den Rat, in Köln die Richerzeche) übertragen worden, und zwar bekanntlich keineswegs überall, vgl. Schmoller, Straßburger Tucher= und Weberzunft S. 371. 378. 379; E. Kruse a. a. O. S. 177; Nitzsch in den Monatsberichten der Berliner Akademie von 1879 S. 15—17.

Verhältnis, in welchem wir den Schultheißen (den Stadtrichter) überall zu dem emporkommenden Rat erblicken[150], — eine That-sache, welche die Gemeingültigkeit der vorhin dargelegten Entwicke-lung bestätigt.

In den Städten ist zuerst, und zwar insbesondere und zunächst für die wichtigsten Sachen des Marktverkehrs, als Organ des Stadt-gerichts ein kollegiales Gericht ausgebildet worden, der Rat, das erste Gericht, welches die Art moderner Gerichtsorganisation an sich trug. Die Zusammensetzung, auch die Zuständigkeit dieses Gerichts ist in den verschiedenen Städten eine verschiedene gewesen. Bald waren es die Schöffen des Stadtgerichts, welche, sei es alle, sei es zum Teil, sei es unter Zuziehung anderer Bürger, zugleich

---

[150] An der Spitze des Rats pflegen die richterlichen Beamten der Stadt, insbesondere der Schultheiß, genannt zu werden. So in der Straßburger Ur-kunde von 1190—1202 (Straßb. U.-B. Bd. 1 Nr. 144): domino W. marscalco et W. sculteto et R. fratre eius et (7 weitere Namen) E. iudice, F. dis-pensatore consiliariis et rectoribus nostre civitatis (diese Urkunde ist bekanntlich die erste, in welcher der Rat von Straßburg auftritt). Der Schult-heiß zu Speier saß (Ende des 13. Jahrhunderts) dem Rate bei Grundbesitz-übertragungen vor, vgl. Köhne, Urspr. S. 187. Die Stadt Mainz wird im Jahre 1254 vertreten durch A. camerarius, F. scultetus, iudices, consilium et universi cives. Die Gründung des rheinischen Bundes im Jahre 1254 geht aus von den iudices et consules et universi cives Mogonti-nenses, Colonienses, Wormacenses, Spyrenses, vgl. Köhne a. a. O. S. 295. In Aachen stehen im 13. Jahrhundert an der Spitze der Stadt: nos iudi-ces, scabini, consulatus, civium magistratus ac universi cives, Lörsch, Aachener Rechtsdenkmäler S. 38, vgl. S. 33. 37. Es ist ferner an den häufig begegnenden Anteil zu erinnern, welcher dem Stadtrichter von den Bußen zu-kommt, die der Rat erhebt, vgl. z. B. das zweite Straßburger Stadtrecht (um 1200) § 12: componet autem (reus) consulibus 5 libras, sculteto et advo-cato 30 solidos. § 14: quandocunque coram consulibus pro frevela facta fuerit compositio, iustitia sculteti et advocati patebit, quemadmodum coram ipsis in iudicio facta fuerit compositio (Straßb. U.-B. Bd. 1 S. 478): Schultheiß und Vogt behalten ihr Gewedde auch in den Sachen, über welche der Rat richtet; das Gericht des Rates bleibt insofern dem Schultheißen wie dem Vogt (welch letzterer ja nach Landrecht über dem Schultheißen steht) untergeordnet.

als Rat thätig wurden. Bald war das Ratskollegium außer Zusammenhang mit dem Schöffenkollegium. Immer aber war die Organisation des Rates eine andere als die des Schöffengerichts.
Das Schöffengericht ist, dem überlieferten alten Gerichtsrecht entsprechend, monarchisch organisiert, der Rat aber kollegialisch. Das
Schöffenkollegium dient der Ausübung einer Gewalt, welche als
solche allein seinem Vorsitzenden, dem Richter, zuständig ist; der
Rat aber hat (auch wenn die Schöffen und in ihrer Mitte etwa der
Schultheiß oder dessen Unterrichter den Rat bilden) als Gesamtheit die Macht inne, über welche er verfügt. Der in den Städten
aufkommende Patriciat drängte nach einer seinem Wesen entsprechenden aristokratischen Regierungsform. Sie ward in
dem Rat gefunden. Die Zuständigkeit der Ratsgewalt zu er-
weitern, zugleich den Rat aus einem Organ der stadtherrlichen
Gewalt, was er zunächst wenigstens formell war, in ein Organ der
Gemeindegewalt zu verwandeln, das ist dann das bekannte Ziel
der ferneren Entwickelung gewesen. Seinen Ursprung aber hat der
Rat des 13. Jahrhunderts und der Folgezeit, ebenso wie das alte
Stadtrecht, in der Marktverfassung genommen.

Das Stadtrecht ist aus dem Marktrecht, das Marktrecht aus
dem Burgrecht (dem Recht der Königsburg) hervorgegangen. Das
Burgrecht aber knüpft an das uralte Recht der Freistatt an. Aus
Verhältnissen und Anschauungen einer barbarischen Vorzeit, welche
eine regellose Strafvollstreckung (die Rache) durch eine ebenso
regellose Beschränkung der Strafvollstreckung (das Asyl) eindämmen
zu müssen meinte, ist mittelbar das deutsche Städtewesen erwachsen,
welches die Wiege unserer modernen Bildung darstellt. Die Macht

aber, welche diese Entwickelung zur Ausgestaltung und zum Siege
führte, war an erster Stelle das deutsche Königtum. Nicht das
Hofrecht noch das römische Recht, dem noch Savigny die
Erzeugung der deutschen Stadtverfassung beimessen zu müssen meinte,
sondern allein das Amtsrecht des germanischen Königs-
tums hat machtvoll als sein lebenskräftigstes, noch heute blühendes
Erzeugnis der deutschen und der ganzen abendländischen Entwickelung das deutsche Bürgertum geschenkt.

———————

Pierer'sche Hofbuchdruckerei. Stephan Geibel & Co. in Altenburg.

MIX
Papier aus verantwortungsvollen Quellen
Paper from responsible sources
FSC® C105338

Printed by Libri Plureos GmbH
in Hamburg, Germany